荀 子 再 探

何淑靜　著

臺灣學生書局印行

僅以此書敬獻親愛的大姊夫

Mr. Henry O. Nicol

在天之靈

張序

　　何淑靜教授自在臺大哲學系求學時即有志於研究中國哲學，對孟、荀諸子尤有興趣。讀完研究所後，赴美深造，前後近十年，專習西方哲學。接受完整之哲學方法訓練。對爲其哲學主流之分析哲學用力最勤。後來專研希臘哲學，以探究西方哲學源頭。返國後重再思索中國哲學問題，已撰寫關於孟荀論文多篇。今復檢出專論荀子五篇，附錄一篇付梓，名曰《荀子再探》。

　　何教授此書有幾點特色，值得先提出來說明：

　　一、近代研究荀子的多半從思想史的立場，或作爲孟子的論敵來討論。本書則視荀子爲一種「哲學」來討論。也就是不牽涉已有的歷史評價和成說，而直接以荀子的哲思爲對象。荀子本來是個獨立性極強的思想家，或說他是「儒學的歧途」，正足以表示他的獨立性。因此，先就他的哲學本身來理解和討論、是比較公允也適切的。

　　二、本書不是傳統式地先描述荀子的理論架構和系統；而是發現和提出荀子哲學中某些問題，針對這些問題及衍生的問題，作深度的研究。譬如第四篇，就對荀子「聖人生禮義」的說法提出問題。荀子既以聖人生禮義非生於人之性，「那聖人生禮義的能力那裏來？也就是聖人所以能『積思慮，習僞故而生禮義』的能力由何而得、如何而得？」…這樣一個個問題的追問，荀子這一說法中所含

藏的問題也就呈現出來。基於這種問題意識、才能深入荀子思想的內部加以討論。

　　三、深入荀子思想的內部就是扣緊荀子的原文來解析。這一點也是本書不同的地方。因為荀子使用的詞語或概念都有清楚的定義，通常只要把握他一些重要的概念，大致理解其思想就不成問題，卻往往忽略文本的細節。例如都知道孟子主性善，荀子主性惡。但依荀子的立場，他可否也有其「性善」說？這就得扣緊〈性惡〉、〈正名〉、〈解蔽〉等篇的文本，尋繹出荀子的旨意。本書討論的問題都從荀書文本的解析而來，這些解析細緻而嚴謹。

　　四、精密的分析和嚴謹的論辯是本書主要的特色。如荀子雖主性惡，但他主張心是「天君」，心可以治性。「心居中虛，以治五官」。這就引生荀子之心是否可說是心善，也是道德心。經過何教授的分析，釐清荀子之心作為天君、天官或認知心、都不能說它是道德心。但是她辨析出一個說法：「因此，雖然就『心』之為『天君』和認知心本身來說，它們是中性的，不是『道德心』或具『道德性』，但就其作用活動與目的都與『道德實踐』相關、都因之而有來說，『心』之作為『道德實踐之主觀依據』並不是完全中性而無道德價值與意義。」這等於肯定荀子「始乎為士，終乎為聖人」的理念，依其心的作用而逐步實踐，並未逸出儒家的矩矱。

　　何教授修習「分析哲學」多年，在思維方式和研究方法上受到一定的影響是必然的。但她只是扣緊文本，直接就文本說話，並未引用任何理論、或套用一些術語和名詞。這些論述看似煩瑣，卻是最適合理解荀子的方式，也是研究工作者基本的工夫。因為荀子在

諸子中最善於邏輯思維，又對語言有明確的認識，參照分析哲學的
精神來研究，應該是極有意義的事。

　　事實上，何教授也深研歐陸哲學。她得到博士學位的 Duquesne
University (Pittsburgh,PA)就是以「國際現象學研究中心」聞名的。
要求學生甚嚴，何教授專修希臘哲學及古希臘文，副修中世紀哲
學，都得到優異的成績。其博士論文 *Practical Thought in Aristotle
and Mencius* 也是在名師指導下完成的。近年，她發表的論文如比
較聖多瑪斯的「良心說」與孟子的「良知良能」說等，皆由於她中
希語文都能深入的掌握，辨析異同都據原始文獻，所以不是膚泛的
比較，而能從根源處給予詮釋和論辯。希望何教授這些論著也能早
日出版，對儒學的研究一定更有極大的貢獻！

(臺大中文系名譽教授) 張亨 謹序

2013/11/11

李序

　　先秦儒學以孔、孟、荀爲三大家。孔子傳六經，授六藝，集夏、商、周三代文化之大成，建統立極，奠定了中國文化之取向。六經是中國文化也是儒學之經典。《論語》是孔門學理之根源。孔子之後，儒分爲八，三千儒士在實踐上繼承孔子，推行民間教育，使傳統文化之價值與生命取向，與乎孔子之教，深入民間，不因朝代更替而改。此自是因儒學是一大教，並非只是西方哲學式之玄思。儒學所蘊含之人生哲理，不離每個人之生命倫常日用，亦通貫天人物我，能使人藉此得以安身立命。孔子之推廣民間教育，開發民間智慧，創立士之傳統，不但使儒學成爲中國文化之主流，也促成了春秋之後百家爭鳴之盛況。儒學實爲三代二千年文化之集成，要說爲諸子百家之根源，亦不爲過。孔門義理並不止於孔子，先秦階段已見儒學之流衍發煌，姿彩紛陳，孟、荀乃其中表表者。孟子以犖犖大才，發揮《論語》中的仁心與禮樂之統，擅《詩》、《書》，言必稱堯、舜，深論心性，廣推仁政王道，以天下爲公，可謂全面發揚和奠立儒學之義理規模。孟子之學，深閎辯析，確乎其不可拔。象山所謂「十字打開，更無隱遁」，後世難有其匹，尊爲「亞聖」，實非虛譽。然而荀卿繼起，直承孔子重禮義之統，別出心性之論，與孟學成崎角之勢，影響深遠，未遑多讓。在先秦儒學如此之大流

中，脫穎而出，荀子之大才，實可敬佩。然而，自宋明以來，儒者以孔、孟為宗，荀子被視為歧出之儒學，故後代注釋論述實少，荀學幾近無傳人。二十世紀中葉，先師牟宗三先生慨然有所感，以為荀子之重智精神，暢發外王禮義之治，實為儒學寶貴之資源，故撰為《荀學大略》一書，發揚荀子之客觀的人文世界之本義，與乎邏輯理性之純智之精神，以為當代新儒家所須進而吸納西方重智文化之橋樑。

牟先生曰：「見道尊孟子，為學法荀卿」，一語突破了一般以為荀子最重要的理論是提出性惡論，全力推展禮義法度之治之簡單構想。此兩者固然是荀學之核心義理，但荀子之理論可說是其重智精神之表現，具體的途徑即是學，即，通過全面和努力的學習古聖先賢之禮義建構和文化經籍而來，並非向空虛構的結果。荀子慨歎：「不聞先王之遺言，不知學問之大也。」此可見荀子之重客觀事實，重文化學統的取向。荀子自覺所論實為下學而上達之實踐。《荀子》一書，開卷即是〈勸學〉。而荀子之客觀精神並不只是隨意提倡學習而已，更以專章進而詳論為學之方法進程與為學之意義：「學惡乎始，惡乎終？曰其數則始乎誦經，終乎讀禮。其義則始乎為士，終乎為聖人。」學習自非只是口耳之辯，文物之識，而是學為聖人。修身成聖是孔門之本義。六經所載是先王之禮義法正之統，這自是必學之經典。但《詩》、《書》以至六經所載，其義理並非易明。荀子謂「天不生仲尼，萬古如長夜」，孔子點醒三代文統之價值，是傳統文化詮釋之正宗，以聖人為師則所學無大過。因此，荀子認為人之為學必要有師，方有正確方向和能通解經義。換言之，荀子所謂「學」乃是以師法為學，即以「法先王，師聖人」

爲學。蓋荀子不欲人漫無目的空頭地學，以致反受害於異端邪說，違情悖理之論。故荀子有〈非十二子〉、〈正論〉、〈正名〉諸篇之作，以糾正時論謬說。孟子固已對楊墨有所鞭撻，以「正人心、息邪說」，當戰國紛亂之世，荀子自也有不得已之論。荀子亦表現了儒學的批判傳統。荀子不但批評各家流行之說，對儒家的自己人也批判不遺餘力。對於子張、子游、子夏之後儒的批評不用說了，對嫡傳而爲大宗的子思、孟子亦嚴詞對待，更特別寫〈性惡篇〉以批判孟子，以爲不足以繼承仲尼子弓之學。孟荀之辨，乃生命文化價值根源之辯，確是千秋重案。然荀子之重語，非因個人私見，而實有以天下爲心之讜論。此荀子所謂「以仁心說，以學心聽，以公心辯」之大公無私的論學精神。

雖然荀子明顯是重禮義，重客觀制度和經驗實據的精神，也有高度的分解和名理的表現，也說「不道禮憲，以詩書爲之」只能成爲散儒，但荀子在大段申論之後，也常引《詩》、《書》之文爲證。荀子雖不契孔子之「知天命」、「上達天德」之義，也不重仁心之說，但藉禮義之論以使學者能由「興於詩書」而臻至「立於禮義」，亦是孔子之教也。荀子之論禮義法度，實多性情之啓發。此如荀子不但以爲刑政實爲聖王治天下所不需，更以爲在世道艱困之時，人民之爲盜竊，實爲不得已，罰則宜輕。由此可見，荀子之心靈亦非只純是客觀冷靜之清明理性，嚴刑酷吏之治，更不會流於邏輯分析之偏。荀子之切切於學，蓋有見於時弊，切戒學者不要成爲散儒、陋儒、俗儒、腐儒，而要成爲大儒、雅儒、君子、聖賢。然而，不但古人鮮有暢發荀卿爲學之義，近人也無細論荀子之「學」，多只是籠統言之，不見實義。

　　荀子既有爲學之數與義，並不以爲誦讀經典即可成爲聖賢，而更須「通倫類，一仁義」，此則必須由知而行，由行而成。如此，荀學之中必涵一「工夫論」。這是荀學研究長期缺乏的課題。這可說是當代新儒家唐君毅、牟宗三、徐復觀諸位先生所切切而未能著手整理與發揚之課題。何淑靜教授之《荀子再探》一書正是初步補充這一缺口之重要著作。何教授自碩士研習即師從牟宗三先生，所寫碩士論文《論荀子道德實踐之根據問題》實具有博士論文之原創性。此論文後出版爲《孟荀道德實踐理論之研究》一書，正式疏解了荀學中最關鍵和爭訟不休的心性問題，對「心是性」與「心不是性」都有確解，可謂定然而不可易。何教授追隨牟先生多年，深得儒學之蘊，實有荀學之眞傳。何教授後負笈海外，以孟子與亞里士多德之學爲專研，翩然融會西方理解分析之重智精神，學成歸國，實深具發揚荀學之豐厚資源。今再回頭處理荀學的課題，故有所謂再探之說。此再探正是專研荀子論學與論成聖之道的理論與工夫問題。此議題自具創造性，但能解讀荀子文義和文義中的理路，能解讀學之數與義，與乎成聖之實踐工夫，「眞積力久則入」，當今之世，捨何教授可謂難有選人矣。

　　自早歲讀牟先生之書，亦曾有意爲荀子寫一專論，雖已有綱領，然而學術研究之開展，千頭萬緒，多年下來只成一、二散篇，發揚荀學之志，恐又蹉跎而過。如今得何教授此書，實所未嘗能至，亦可略減辜負荀學之責。何教授此書中諸篇，曾先後拜讀，啓發共鳴者良多。今囑爲序，頗感榮寵，亦感惶恐，恐未能得其深意，亦有負荀子之學。故再聚而讀之，感慨多方，徹夜反思，不能自已。何教授與我爲同門，昔日在東海大學已多所過從，於何教授之爲學

與做人，及今《荀子再探》一書之貢獻，或借荀子之語以示所感：

　　無冥冥之志者，無昭昭之明，無惛惛之事者，無赫赫之功。《荀子・勸學篇》或可爲此書之紀乎。

新會　李瑞全　敬序

二〇一三年序於中壢中央大學

自序

　　這是一本學術專書，名爲《荀子再探》。正文五篇，附錄一篇，總共六篇文章。其中三篇爲國科會專題研究計畫補助成果：〈由「聖人」看荀子的「知禮義」與「虛壹靜」〉（NSC 99-2410-H-004-041）、〈由「成聖」看荀子的「爲學步驟」〉（NSC 98-2410-H-004-105）、〈比較孟子與荀子的「性善說」〉（NSC 96－2411－H－029-005）。這書基本上乃是順著國科會專題研究之成果發展而成；之所以名爲《荀子再探》，乃因筆者在臺大哲學研究所碩士班時，論文就以荀子爲研究對象（題目爲：《論荀子道德實踐之根據問題》）。之後也將其中的多數章節與後來所作的、有關孟子心性方面的研究合輯成《孟荀道德實踐理論之研究》一書出版（民77年元月，文津出版社）。書稿交託現中央大學文學院長楊祖漢教授，請他交給文津出版社並託他處理編印諸事後，筆者即赴美求學，專心學習西方哲學與接受西方哲學的思考訓練，所以有幾年沒中國哲學方面的研究成果發表。《荀子再探》則是在受過西方哲學的洗禮與嚴格思考訓練之後，再重新反省、檢討過去所了解的中國哲學，尤其是自己最精熟的荀子，發現其中還有不少問題未被發現或解決，於是再投入中國哲學領域（尤其荀子的學思）作專研深究，因此而有這書之產生。

　　有關荀子學思所蘊含的問題，筆者所做的探究當然不只、也不能只止於此書所做的，因荀思中還有許多值得研究卻尚未被發現、處理的問題。故順著此書之研究，筆者繼而針對荀子的修養理論所存在的一個大問題，即其「修養論」或「功夫論」（也就是「成聖之道」）是否前後相關連而為一有組織、有系統理論，做探討，這就是目前正在寫的《論荀子的「成聖之道」》（獲民 101 年國科會專書寫作補助 NSC 101-2410-H-004-090）一書，計劃明年（民 103 年）交由臺灣學生書局出版。

　　本書各文曾分別收集在中央研究院中國文哲研究所之《理解、詮釋與儒家傳統：個案篇》，或刊載於《鵝湖學誌》、《當代儒學研究》、與《中央大學人文學報》等期刊。之後，蒙一些專家學者予以指正與給予建議，於本書，筆者都已針對之斟酌地加以改正或修補增添。感謝他們的指正與建議，讓筆者學到、見到更多更深的看法與自己的缺失。也感謝中央研究院中國文哲研究所及刊登這些研究結果的期刊出版單位允許將這些文章收在這書一起出版。

　　有關此書所收之各文的發表與相關資訊，簡列於下：

一、〈論荀子對「性善說」的看法〉（副教授升等論文）（「當代儒學研究叢刊 21」《理解、詮釋與儒家傳統：個案篇》，中央研究院中國文哲研究所，頁 9-38，民 97 年 12 月）。

二、〈由「成聖」看荀子的「為學步驟」〉（《鵝湖學誌》，第 49 期，頁 1-35，民 101 年 12 月。THCI。國科會民 98 年專題補助計畫 NSC 98－2410-H-004-105）。

三、〈由「聖人」看荀子的「知禮義」與「虛壹靜」〉（《當代儒

學研究》，第 11 期，頁 47-76，民 100 年 12 月。THCI。國科
會民 99 年專題補助計畫 NSC99-2410-H-004-041）。

四、〈論荀子「聖人生禮義」所含藏的問題〉（《中央大學人文學
報》，第 50 期，頁 1-22，民 101 年 4 月。THCI）。

五、〈論荀子「自然、人性與道德根源」的關係問題〉（民 99 年
12 月初稿發表於香港中文大學哲學系舉辦之「第六屆兩岸三
地南北哲學論壇」；另，修改後刊載於《中央大學人文學報》，
第 56 期，頁 1-28，民 102 年 10 月。THCI）。

附錄：〈比較孟子與荀子的「性善說」〉（《鵝湖學誌》，第 43
期，頁 1-36，民 98 年 12 月。THCI。國科會民 96 年專題補
助計畫 NSC 96–2411-H-029-005）。

　　第一篇〈論荀子對「性善說」的看法〉乃筆者升等副教授的
論文，是附錄〈比較孟子與荀子的「性善說」〉的前置研究。這兩
篇是順著先前有關孟、荀「心性論」方面的研究作下來的。在此之
前，關於孟子「性善說」之意義與了解及證成的進路，筆者已得到
一定程度的確定與了解（參見〈論孟子「仁政」的根據與實現〉，
《鵝湖學誌》41，頁 1-24，2008 年 12 月）。至於荀子，一般一提
到他，就把他和「性惡」劃上等號，猶如一提到「性善」就把它和
孟子劃上等號一樣。但也有不少學者主張荀子亦可（如孟子般）說
「性善」或說「心善」。基本上，他們都是泛泛地由孟子的立場來
說，幾乎沒有人注意到**荀子也有他自己對「性善」的說法**，因而他
們都不是由荀子自己對「性善」的了解來立論的。有此疏漏，無論
就研究荀子或比較孟、荀這二大孔子之後的先秦儒家之人性論來

說，都是個很大的遺憾。在此情形下，若不專門對荀子這方面的觀點作了解、探析而有個確切的了解，就無法針對兩人對「性善」的看法作深入而中肯的比較，從而彌補或澄清學界一直以來的缺憾或誤解。

〈論荀子對「性善說」的看法〉乃扣緊《荀子》文本來解析荀子對「性善」的了解並據以探討：由荀子本身對「性善」的了解來看，他是否如學者們所主張的，也可說「性善」或「心善」？接著，既然一提到性善，一般就想到孟子，且學者之主張荀子也可說「性善」也多依孟子之說來了解，筆者就順著前此所作的了解來比較此二子的「性善說」。這就是附錄的〈比較孟子與荀子的「性善說」〉。

由這比較可以把握到孟、荀於「心性論」上的不同，進一步了解孟子主張「性善」而荀子則不能作如此主張、甚而明白反對的理據。兩者一主張「性善」（人本有爲善的能力），一主張「性惡」（人順性而無節則流於惡），但同爲先秦兩大儒，都以「成聖」爲生命的理想，都以「心性論」爲「成聖之道」的內在而主觀的依據。但因二者的「心性論」差別甚大，他們所主張的「成聖」之修養功夫或途徑也就很不同。

荀子特重「爲學」，爲學的「最終目的」就在「成聖」。就此來說，「爲學」就是「成聖」所需作的「修養功夫」，也就是「成聖」的「途徑」。關於「成聖」所循的「爲學途徑」，一般都知道，就荀子來說，就是「始乎誦經，終乎讀禮」（所謂「學之數」）（〈勸學篇〉）。在這「始」和「終」之外，於他們之間還有「爲其人以處之，除其害以持養之」（〈勸學篇〉）；也就是我們「爲學」所要作的事有：「誦數以貫之、思索以通之、爲其人以處之、除其害

以持養之」。（〈勸學篇〉）但，爲什麼要作這些？其間是否有「次第」可言？若有，其次第又爲如何？這些有關荀子「具體的爲學步驟」的問題，一般學者都沒注意到或沒興趣；但若從「爲學」最終所要成就的目標就是成爲「聖人」來看，它們的必要性與次第，甚而爲學是否就只做這些事、只有這幾個步驟、以及最後讓人「成聖」的是那一步驟等就都成爲問題。

　　關於「聖人」，荀子的觀點似非常不一致：有時由「知」、有時由「行」來規定。學者們不是沒注意到這不一致，就是不認爲此中有問題（因認爲儒家的聖人乃「知行合一」的），因此忽略了在此含藏了一些問題，如：於荀子，在成聖的過程中與在聖人身上，「知」與「行」的關係如何？聖人是如何「知行合一」的？荀子所了解的聖人的「知行合一」，就如同孟子、王陽明、或陸象山等之了解？答案當然不是。這裡自然有需要嚴加簡別；尤其在荀學「重知」的性格下，它更不容忽視。除此，荀子對「聖人」的說法又關繫到他的「爲學之具體途徑」：依他對聖人的了解，無論是「積善而全盡謂之聖人」（〈儒效篇〉）或「知之，明也；明之爲聖人。」（〈儒效篇〉）或「知通統類者爲大儒」（〈儒效篇〉），都有以下的問題：到底有幾個爲學步驟？是如他在〈勸學篇〉說的，有四個步驟呢？或者應是五個（才能成爲「積善而全盡〔禮義〕」的聖人或「知通統類」的大儒）？另，爲學的最後一步驟倒底是屬於「知」或「行」呢？

　　以上那些問題解決的關鍵有二，一是「荀子是如何了解『聖人』的？」另一是「對荀子而言，『成聖』的具體途徑是甚麼？」本書第二篇文章〈由「成聖」看荀子的「爲學步驟」〉就是針對這些問

題作探討。經由此，個人對荀子的研究重點就逐漸由其「心性論」轉向「修養論」。而在了解、探討荀子的具體「爲學步驟」時，筆者發現：若由「『爲學的最終目的』在『成聖』」來看，那爲學的步驟不應只有四個，如荀子在〈勸學篇〉所表示的，而應是五個步驟（最後一個應爲「全盡禮義」而「攝知〔禮義〕於行〔禮義〕」、「以行著知」——以行禮義彰著其所知之禮義，而此也就是荀子第二義的「知通統類」、第四義的「知禮義」）。這個發現應值得學界作參考。

由前一研究可以看出，在「爲學以成聖」上，「禮義」扮演了一個非常重要的角色。依荀子的了解，「禮義」是「生於聖王之『僞』」，即出自「聖王」的製定，並非人「生而有之」。因此，無論要成聖（「積善而全盡謂之聖人」）或「以禮義來化性」以「成善」都必須先「有禮義」，也就是先「知禮義」。這基本上是屬於「心」的功能。但，如前言，「人心如槃水」——盆雜有泥沙的水，易受種種因素影響（如風吹、傾置等）而失其清明，致無法發揮其「知」與作爲「天君」（專司判斷、主宰天官／自然情欲進而影響行爲活動）的功能，故必須作「虛壹靜」的工夫。「虛壹靜」乃人「知禮義」、「成聖」所必須作的工夫。**荀子於其書的〈解蔽篇〉有詳細的解釋甚麼是「虛」、「壹」、「靜」，但它們如何使人認知禮義？它們和知禮義間的具體關係如何？對於這些非常關鍵的問題，很令人訝異的是：荀子沒有給予回答，學者也未針對之作探討、研究**，甚而流於空泛地以一辭「理性之知」交代過去。這對荀學之修養論或功夫論的研究與發展實是一大缺憾，於是筆者針對〈由「聖人」看荀子的「知禮義」與「虛壹靜」〉一論題來作這

方面的研究，（即本書第三文）以彌補荀學研究於這方面的缺憾。

　　「禮義」於人之「成聖」所扮演的角色，如上所述。而依荀子，「禮義」乃出自「聖王」的製作，是生於「偽」，並非本於人「生而有」的「性」而有。聖王能自行「化性起偽」而生禮義，一般人則不能；一般人必須循聖王所製訂的禮義／禮法來「化性起偽」才能成聖。依荀子，聖人之性與凡人是一樣的。既然如此，那這裡就出現了一個問題，即：為何只有聖王能生禮義而一般人則不行？關於這個問題，前輩學者和當今學者都有一些看法，最具代表性的看法是以之出自聖人天生之「特殊才能」（如牟宗三、蔡仁厚、及以前的筆者等）。但這看法和荀子本身的說法有不少相違處，如荀子以之出自「偽」，是聖人「積思慮，習偽故」而成的——顯見並非出自「天生」之「特殊才能」，並一再強調聖人「生而有」之「性」與一般人同。（〈性惡篇〉）但一直沒人發現上述看法會碰到這些問題而形成與荀意相違的情形。既然在荀子的思想體系裡，「禮義」是人「成聖」之所以可能的客觀憑依，它扮演了那麼重要的一個角色，那吾人就不能不嘗試著針對之來作解決。扣緊荀子所言，禮義出自聖人「積思慮，習偽故」來作深入的解析，並參酌荀子對「性」與「偽」之區分以及他於它處所提到的相關看法，筆者在本書第四篇文章〈論荀子「聖人生禮義」所含藏的問題〉得到的結論是：聖人之生禮義乃「性」與「偽」（後天的努力，是為學功夫，含知在內）兩者相合而成的「偽」所生之「能力」所成，即在「生而有」的心性上加修養功夫後才成就了「生禮義」的能力。而唯獨聖王能生禮義的理由乃在於聖王後天的努力勝於一般人而為一般人所不能及（故荀子於〈性惡篇〉強調：禮義生於聖人，聖人與一般人是

「僞異性同」）。這研究解決了懸置學界三十年，也懸置筆者心中十多年的問題。此時解決它，是水到渠成：歷經前面的研究，解決這問題的線索才得以眞正浮現而把握到。

　　第五篇文章〈論荀子「自然、人性與道德根源」的關係問題〉是應香港中文大學哲學系民 99 年 12 月舉辦之「第六屆兩岸三地『南北哲學論壇』」而寫，該會主題爲「自然、人性、與道德」。此文所探討的也是徘徊筆者心中甚久的一個問題。幾次覺得可定案了，馬上又發現不行。如此反反覆覆盤旋在心中，至收到香港中文大學之邀請前，剛好覺得自己似乎對相關問題都可釐定了，於是才應邀把這文之初稿寫出來，在大會上宣讀發表；但眞正確定能解決這問題，還是經過對荀子修養論方面的上述那些問題的探討之後。因此修訂完成定稿時，已是今年（民 102）春天了。這文所探討的問題之淵源及問題僅簡述如下：

　　在荀子，「天」代表「自然」或「自然現象」；而〈性惡篇〉云：「性者，天之就也。」依之，「自然」與「人性」，在荀子看似爲「生與所生／成」的關係。此外，如吾人所知，在主張「性惡」的同時，他特別強調「善僞」——人之成善乃出自後天人爲的努力。成善之所以可能，客觀上乃因有聖王制定禮法以爲人「化性以成善」之準則，主觀上則因人生而有能「以禮義來化『性惡』之『性』」的「心」。「心」，就荀子來說，乃是人所以能成就道德行爲之主觀依據。荀子從未明白說「心是性」；相反的，〈性惡篇〉說：「性不知禮義」，而〈解蔽篇〉表示：「知禮義」乃「心」之故。依之，「心不是性」。但「心」與其「知」的能力是人「生而有」（〈解蔽篇〉）。而荀子了解人性的原則是「生之所以然者謂之性」（〈正

名篇〉）；此外，〈天論篇〉稱「心」爲「天君」。（依「性者，天之就也」，）這些都表示，對荀子來說，「心應當是性」。作爲「道德實踐的依據」，「心」應當是個「具道德意義與價值的存在」。但，無論「天」與「性」的關係爲何，兩者於荀子都是一「自然義」的存在。在此情形下，荀子的「心」是否具有或能具有道德的意義、或只是一「自然義」的存在呢？除了由「心是性」方面之「心」爲「天官」的身分來討論外，本文也由「心不是性」方面之「心」的另一雙重性（「天君」與「認知心」）來作探討。扣緊相關文本作了解與分析後，發現無論是從「心是性」或「心不是性」來看，荀子所了解的「心」都很難說它是個帶有道德色彩、具道德意義的概念。這表示荀子的道德實踐理論在此存在著、也必須面對「非道德義的存在如何產生出／成就道德義的存在（行爲）？」之倫理學中最棘手的問題。以上就是第五篇文章所討論的。

綜觀來看，本書的第一篇、第五篇與附錄，研究的重點都放在「心性論」上。之後，因筆者發現以「心性論」爲基礎來實現「成聖」的生命理想上，荀學或荀學的研究出現一些問題，故研究重點就轉到荀子「修養以成聖」方面的相關論點上，而有本書第二、三、及四之一個接一個的研究論題出現。於荀子，「心性論」與「修養論」兩者是息息相關的——「心性論」是「修養論」之基礎。

以上是《荀子再探》這一本學術專書內各篇文章及其彼此間之關連的簡介。

這本書可以說是結集了筆者自 1999 年赴美求學至回來任教至今（2013 年）的學習、思考、與研究之結果。赴美求學讓我切實地親身接受西方哲學的那套嚴謹的思考訓練，也拓展了我哲學接觸

的領域，從而促使我、也讓我可以在中國哲學的傳統了解方式之外，採取另種方式（如中西哲學比較或以西方哲學之嚴格論證之方式）來重新反省、檢討、探討中國哲學的觀點與問題，由之而發現不少新議題或解決一些既存的問題、提出一些新看法供學界做參考。就這方面來說，首先要感謝的就是牟宗三先生，他爲筆者開啓了中國哲學的大門、並引領筆者深入其中去領會中國哲學的深邃奧妙與把握中國哲學之精神與智慧（對筆者而言，他不只是碩士論文的指導教授，是傳道解惑的業師，更是生命的導師）。但若不是筆者大姊夫，Mr. Henry O. Nicol，之鼓勵與支持及援助，筆者也不會在同學們都已拿到學位回來任教了、且筆者也已在東海大學兼任授課並同時在該校就讀博士班，甚而博士論文都已完成三分之一的情形下，毅然辭職、退學而赴美求學。他的恩情，他在世時，一直沒機會向他表達謝意，今以此書敬獻他在天之靈，略表心意於萬一。另外，若不是博士論文指導教授的建議與訓練和指導，筆者也沒能做到目前對中國哲學所做的這種反省與思考，在此要深深地感謝Professor Ronald M. Polandsky，尤其感謝他願意收我這東方女子爲弟子。在研究、寫作本書的幾個議題上，臺大中文系名譽教授張亨老師不時的給予指正、建議、與鼓勵，中央大學哲學研究所李瑞全教授的時相提攜和關懷、勉勵，還有東海大學榮譽教授蔡仁厚老師的關心及提醒，都令筆者十分感激。最後，感謝臺灣學生書局願意出版這本書，也感謝政治大學中文所博士班梁又典同學幫忙作索引與編整參考資料及中央大學哲研所博士候選人賴柯助同學幫忙作初校，當然更感謝一直支持我、陪伴我、幫助我的家人。

何淑靜

2013 年 12 月 10 日於

政治大學研究大樓研究室

荀子再探

目次

壹、論荀子對「性善說」的看法

一、前言

通常我們一提到荀子，就想到「性惡說」；一提到孟子，就想到「性善說」。這當然是因為「性惡說」與「性善說」分別是他們的根本與代表的主張之故。[1]也由於一般都把荀子和性惡劃上等號，把孟子和性善劃上等號，因此，幾乎沒有人[2]注意到荀子也有他自己對「性善」的說法（見〈性惡篇〉，詳情見下文）。雖然有

1　關此，唐君毅先生和韋政通先生的看法不同，數位學者如蔡錦昌先生（《從中國古代思考方式論較荀子思想之本色》，頁 131 及第二、三章，唐山出版社，1989 年 3 月）等大體跟隨唐先生，認為「性惡說」不是荀子思想理論的基礎或核心。（唐先生看法見《中國哲學原論》（原道篇）頁 435-6，臺灣學生書局，1984 年；韋先生的看法則見《荀子與古代哲學》，頁 195 及其他，臺灣商務印書館，1978 年六版。）但，一般都以「性惡說」為荀子思想理論的基礎。在此，筆者採取一般的看法，主要考量到荀子之重為學、隆禮義、尊師法、及強調「以禮義化性」之重要皆因「人之性惡」故。因此非本文主題再加篇幅限制，往後有機會再為文討論。

2　在此我說「幾乎沒有人」並不表示「完全沒有人」。如在研討會、筆者宣讀完此論文後，蔡錦昌先生提出，他就注意到也早就於其大作中（《從中國古代思考方式論較荀子思想之本色》，見上註）提出來了。

學者（如唐端正、陳大齊等）[3]主張荀子也可說「性善」或，如孟子，說「心善」，但基本上都不是由荀子自己對「性善」的了解來立論，而是泛泛地由孟子的立場來說的。[4]再者，荀子既然有他自己對「性善」的解釋，就孟子之代表主張爲「性善」和孟、荀同爲先秦之二大儒來說，一直沒有人把他們兩人對「性善」的看法拿來作比較，這也是十分令人不能置信的。[5]有如此的疏漏，無論就研究荀子或比較孟、荀兩人的人性論來說，都是個很大的遺憾。本文將扣緊《荀子》[6]原文來解析荀子本人所謂「性善」之意義，並進一步探討由他自己對「性善」之了解來看，他是否也可說「性善」或「心善」，如某些學者主張的。透過此，希望能多少彌補些這方

3　唐端正：〈荀子善偽論所展示的知識問題〉，《中國學人》第六期。陳大齊先生之下文亦隱含此意：〈孟子性善說與荀子性惡說的不相牴觸〉，《孔孟學報》第十三期。

4　除唐端正、陳大齊等先生外，論及這方面問題時取這種立場的還有如薛保綸先生（〈荀子的心學〉，《哲學與文化月刊》，第五十一、五十二期）。他們所認爲的孟子之說法是否真爲孟子的，至少是否中肯，也值得商榷。

5　「一直沒有人把他們兩人對『性善』的看法拿來作比較」，承上文，在此我指的是荀子與孟子本人對所謂「性善」的看法，尤其是扣緊著《荀子》原文來了解荀子自己的看法。誠如蔡錦昌先生於研討會場所提，他早就作過這方面的比較，但問題是他只是引荀子「目明耳聰」一段來說「荀子謂『性善即歌頌目之明與耳之聰』…。」（同註 1，頁 132）及認爲對荀子而言善惡都與性無關、荀子對性不像孟子那樣講究品質良窳等等他的觀點（同註 1，頁 131-135），並未扣緊原文來作分析、了解。簡言之，依筆者的看法，這仍不能算是就孟子與荀子兩人自己的觀點來作比較。

6　本文所依據的原典爲王先謙的《荀子集解》，藝文印書館，1973 年 9 月三版。另間或參考李滌生的《荀子集釋》，臺灣學生書局，1979 年 2 月初版。

面疏漏之遺憾。至於與孟子「性善說」之比較，則由於時間與篇幅之限制，擬往後另爲文行之。也因此本文暫不討論孟子的「性善說」。

　　荀子〈性惡篇〉的主旨在論證「性惡善僞」[7]。基於「性惡說」乃明顯地與孟子之「性善說」不同，爲強調自己所主張的才是對的，於〈性惡篇〉荀子分由不同的觀點或角度來駁斥孟子的「性善說」[8]，且藉出二者爲對反[9]，透過駁斥孟子「性善說」不成立的同時，也證立了自己的「性惡說」。基本上，對孟子「性善說」的駁斥，自〈性惡篇〉第三段起，[10]共有四個。於第二個駁斥，即駁斥孟子的「惡乃失其喪性故也」，荀子提出了他自己的「性善觀」（即〈性惡〉第四段或謂「性惡善僞」的第四個論證）。一般人在讀這段文字或論證時，注意力都放在荀子如何論證「性惡善僞」和

7　「性惡善僞」乃簡稱荀子在〈性惡篇〉所謂的「今人之性惡，其善者僞也」。依荀子在該篇所作的論證來了解，「性惡」乃意指「順性而無節則流於惡」，既不指「性本身爲惡」，也不指「順性即爲惡」，而是「順性而無節則將產生偏險暴亂」等「惡」之行爲。至於「善僞」，則指「善乃出自人爲的努力而爲人爲努力（即以禮義來化導自然之情性）之結果」。參見〈性惡篇〉及參考拙著〈論荀學中「性惡善僞」的意義〉，《中國文化月刊》第六十三期，1985 年 1 月。收入《孟荀道德實踐理論之研究》第四章（文津出版社，1988 年 1 月出版）。另，往後將另爲文詳細論析其諸論證所涵之問題及意思。前書僅大略爲之。

8　荀子在此所駁的乃他所了解的孟子之觀點，不一定是孟子本人的看法。

9　此爲荀子之看法。實則是否對也是個問題。依筆者的看法，二者並不對反。參考筆者之演講〈性善或性惡？──孟子對或荀子對？〉，東海大學碩士學分班，民國 93 年 12 月 29 日。

10　本文所述之〈性惡篇〉之段落以李滌生《荀子集釋》所分的段落爲依據。

對孟子的駁斥上，而忽略了在駁斥孟子的同時，他也告訴了我們他所了解的「性善」是什麼意思；正確地說，應當是都沒注意到他是依據什麼觀點來反對孟子，也沒注意他對「性善」的了解爲何，更不必說進一步地去探究他對「性善」的了解是否與孟子的一樣。沒注意到荀子對「性善」的說法，也許可說因這段話有缺漏之故。以下將先闡析荀子所了解的「性善」之意義，而後論他對「性善說」的態度與探討他是否亦可說「性善」。

二、荀子對「性善」之了解

> 孟子曰：「今人之性善，將〔惡〕[11]皆失喪其性故也。」
> 曰：若是則過矣。今人之性，生而離其朴離其資，必失而喪之。用此觀之，然則人之性惡明矣。所謂性善者，不離其朴而美之，不離其資而利之也。使夫資朴之於美，心意之於善，若夫可以見之明不離目，可以聽之聰不離耳，故曰「目明而耳聰」也〔，則可曰「性善」〕[12]。今人之性，飢而欲飽……（〈性惡篇・四〉）

11　「將」乃「惡」之訛。依劉師培改。

12　〔，則可曰「性善」〕乃筆者所加。荀子這段話主要針對孟子的「人之性善，惡乃失喪其性之故」提出反駁。而依荀子在此之前所說的「所謂性善者……使乎……若乎……」之語氣來看，很清楚的，荀子在此是有「則可曰『性善』」之意：表明若「性」與「成善能力」間的關係就如「目」與「能見能力」及「耳」與「能聽能力」的關係，則就可如「目明耳聰」般的說「性善」了。（詳見下文交待）此處即依之加〔，則可曰「性善」〕。

這段話，荀子主要是針對「孟子認為人之所以有惡或為惡乃因其良心放失，即『性善』之『性』喪失了的緣故」一觀點作反駁，並由其之不成立來反證「性惡說」。

「所謂**性善者**〔粗黑體為筆者所加〕，不離其朴而美之，不離其資而利之也。」此中「其朴」與「其資」的「其」字，承上文指人所「生而有」的「性」[13]。「朴」則就性之質而言；依〈禮論篇〉：「性者，本始材朴也」，人在生命之始即稟有、本有的「性」是樸實的。依此，「其朴」指的乃是人所生而有的「質樸之性」。「其資」，同上，也是就人之性來說的。〈禮論篇〉云：「無性則偽之無所加；無偽則性不能自美。」性是偽（人為的努力，在此指美化自己身心之道德修養的活動）所能作用於其上的材料。另，〈性惡篇〉曰：「……塗之人皆有可以知仁義法正之質，皆有可以能仁義法正之具……。」這知與行仁義法正的「質具」是人人都有的、是人人「生而有」的。由這兩句我們可以看出，對荀子而言，人所生而有的「性」是人之所以可以知與行仁義法正、作道德實踐的「資材」、「質具」。若此，那這句話的意思就是：所謂「性善」乃指人不離其質樸之性就可以美化他自己，不離其性之為資材就有利於他行善。簡言之，「**性善**」，**對荀子而言，乃指「不離『生而有』的『性』[14]就可以成善」**。

但這裡所謂的「不離」是何種關係或意義的不離呢？它是如〈禮

13　於〈性惡篇〉荀子都就「生而有」來說「性」。此即〈正名篇〉所言的「生之所以然者謂之性」或〈性惡篇〉「性者，天之就也」所表示的意思。

14　此說和荀子之基本主張「性惡」之義並不衝突。見註7。

論篇〉「無性則偽之無所加；無偽則性不能自美」所表示的「材料
與加工活動」間之不離的關係？或者是如兩個好友之如影隨形的不
離？或是其他的意思呢？這在了解荀子「性善」一詞之意義上非常
關鍵。它的意指，我們透過解析荀子在此所用的語氣、語法、與內
容之意義可以得到確定。

　　「**所謂性善者**，不離其朴而美之，不離其資而利之也。**使夫資**
朴之於美……若夫可以見之明不離目，可以聽之聰不離耳，**故曰**『目
明而耳聰』也。」在「**使夫資朴之於善……故曰**『目明而耳聰』也」
之後，荀子沒有說：「**則可曰**『**性善**』。」（也因此荀子在此段所
表示的他對「性善」之了解常被忽略。）但就語氣與語法來說，既
用「**使乎**……」，那後面就應有「則可曰……」。由上下文來看，
我們可以說後面的「則可曰……」被省略乃因順著「使乎……」下
來，它的意思應已很清楚了，有沒有加「則可曰……」都不影響。
而由「所謂性善者」順著看下來，這裡的「則可曰」之後當是「『**性
善**』。」另，「**使夫資朴之於善……若夫**可以見之明不離目，可以
聽之聰不離耳，**故曰**『目明而耳聰』也。」則告訴了我們，對荀子
而言，若「性善說」成立，那性與善的關係就應如目與明、耳與聰
的關係一樣。這也就是說，荀子在此的意思是：**若人性與善的關係
就如同目與明、耳與聰的關係，那我們就可如同說「目明而耳聰」
般地說「性善」**了。

　　目與明、耳與聰的關係，依荀子在此所說，乃是「可以見之明
不離目，可以聽之聰不離耳」。看得清楚叫「明」，聽得清楚叫「聰」。
沒有看的能力不可能看得清楚；沒有聽的能力不可能聽得清楚。而
沒有眼睛不可能有視覺之「看」、之「明」；沒有耳朵不可能有聽

覺之「聽」、之「聰」。在此，不只可以「見的能力」，還包括「見之明」的能力，都「不能離開」眼睛；同樣地，可以「聽的能力」與「聽之聰」的能力也都「不能離開」耳朵。看的能力與眼睛、聽的能力與耳朵都是「不離的關係」。而這裡的「不離」，很清楚地，並不是「材料與加工活動」間的不離，也不是兩個好朋友形影不離之不離的意思。後二者都是後天、外在的，沒有絕對的必然性。但目與明或見，以及耳與聽或聰，之間的不離之關係卻是：明或見的能力就內存於目，聽或聰的能力就內存於耳。有眼睛不見得有看的能力，有耳朵不見得有聽的能力；[15]但只要能聽、能看，聽、看的能力就一定存在在眼睛、耳朵中。聽、看的能力之存在於眼睛、耳朵乃是一經驗的實然。[16]但它們之間的「不離」之為「經驗的實然

---

15 荀子在此說的是「可以見之明不離目」，不是「凡目必可見」，因此不可解為後者。荀子在此所說有些不同於前段在評駁孟子的「人之學者，其性善」時說「今人之性，目可以見，耳可以聽；夫可以見之明不離目…」。

16 於研討會上，筆者口頭宣讀完此論文後，劉述先教授曾指出：若以荀子在此之「目明而耳聰」所表示的乃目與明、耳與聰為「經驗實然的關係」，那將可避免掉許多將之了解為「內在而必然的關係」所引起的質疑。由「經驗實然的關係」來了解荀子在此所說的目明與耳聰的關係，是筆者所未見到的，真一新筆者眼目。荀子在此所說的「目明」與「耳聰」之為「不離」確含此關係。本段即依之作補改。非常感謝劉先生之指點。

只是，如前言所提，本文乃「比較孟子與荀子『性善說』之異同」一計劃之部分，即其第一部份；本文之寫作乃為該比較作鋪路。而依筆者之了解與計劃：此二子之「性善說」在「性與成善能力為內在而必然的關係」這點上是相同的，所不同的是荀子不能承認如此的關係成立，所以他反對「性善說」。因對他而言，如下文所提，成善能力乃經由「學」、「事」而得，非人性本有──以荀子的話說，即是「非生於性」或非人「生而有」。（在

之不離的關係」，是含「內在的必然性」的，即：就經驗之實然來說，聽、看的能力不只是內含於耳、內含於目，而且是必然地含於耳、目之中。這由前言的「只要能聽、能看，聽、看的能力就一定存在在眼睛、耳朵中」就可清楚的看出。如果是這樣，那「可以見之明不離目，可以聽之聰不離耳」之「不離」指的就是「內在必然地存在於其中」的「不離」之關係。換言之，荀子在此所謂的「不離」表示的是：看的能力乃內在而必然地存在於眼睛中，聽的能力乃內在必然地存在於耳朵中——此乃爲「經驗之實然」的「內在而必然」的「不離之關係」。

　　既此，那荀子說：「故曰『目明而耳聰』也」的意思也就很清楚了。那表示：我們之所以說或可以說「目明」或「耳聰」，那是因爲，就經驗之實然來說，「明」或「看的能力」就內在而必然的存在於「眼睛」中，「聰」或「聽的能力」就內在而必然地存在

此我以「本有」含荀子以「性」爲「生而有」之「生而有」一義與孟子「性善」之「性」爲人所「內在本有」一義。一般論孟子之性都用「本有」一詞，於荀子則用「生而有」。實則「生而有」也是「本有」。而就「人性」一詞之通義來說，吾人可說其乃含本有、必然與普遍三性。在此用「本有」取代一般用法的「生而有」，將可涵二子之人性觀在內。若只用「生而有」，則孟子之性義必被遺漏；而若以「本有」專指孟子之性義，則一般和荀子、告子等的觀點將被排除。故本文之用法爲：以「本有」一詞含「生而有」與孟子「性善」之「性」的「內在本有」義兩者在內。另，「本有」，無論如何了解，都含荀子所謂的「不可學，不可事」一義。此爲「人性」一概念之通義——不論如何了解人性，只要一說「人性」，它必是人所「不可學，不可事」，即必是人所「本有」。在此顯不出孟荀對人性了解的差異。）故除了依劉先生所建議的觀點作增補、修改外，亦保留作者原先之觀點，即將二者合併而言。

於「耳朵」中。換言之，我們之所以把或可以把「目」與「明」、「耳」與「聰」連在一起而說「目明」或「耳聰」，那是因為後者之所以可能的能力就內在而必然地存在於前者之中，而此為經驗界中之實然。依此，若我們說「性善」就如同我們說「目明」、「耳聰」，如上引文所示，那對荀子來說，**「性善」**一詞的意思就應是：**「成善的能力就經驗而實然地、內在而必然地存在於人性中」**。換句話說，成善的能力與人性也有不離的關係，但在此我們必須注意的是，它們的關係是前者乃內在必然地存在於後者中而為後者所生而本有。

三、對孟子「性善說」之反駁

　　在了解荀子對「性善」一詞的了解後，緊接著我們應了解他對「性善說」的態度。由他在〈性惡篇〉對孟子「性善說」的駁斥，我們可以很清楚地看出：基本上，荀子並不認為「性善說」可以成立。既然荀子已明白地表示了他不認為「性善說」可成立，為何仍有學者認為他應也可講「性善」？這是否意味荀子本身的思想體系是含有這觀念或可能性，只是他自己沒注意到或未發現而已？以下將先探討荀子為何反對「性善說」，而後再客觀檢證其學思體系是否有講「性善」之可能性。

　　如前所提，在〈性惡篇〉，荀子對於孟子有關於「性善」觀點的評駁共有四個。第一個是針對「人之學者，其性善」作反駁，第二個乃針對「人之性善，惡皆失喪其性故也」提出辯駁，第三個和第四個都是以「人之性善」一觀點為對象。表面上看，第三個由

「善」、「惡」的界定入手和第四個由「無辨合符驗」來評不同；事實上，兩個都是由聖王與禮義對現實人生之功效來立論的。簡單扼要地說，這二段文字的論證爲：若性善則不需要聖王、禮義；唯性惡方需聖王、禮義。但就可見的事實來說，我們不只有也需要聖王、禮義。既此，那很清楚，應是「性惡」才對，「性善」是不成立的。

後兩個辯駁基本上是由聖王、禮義於客觀現實中之效用來論說的，與荀子本身對「性善」一說的了解關係不大，也因此和本文之論旨無甚關係，故以下僅就前二個辯駁來作分析、討論。

首先，論第一個。

> 孟子曰：「人之學者，其性善。」[17]
> 曰：是不然。是不及知人之性而不察乎性僞之分者也。凡性者，天之就也，不可學，不可事。禮義者，聖人之所生也，人之所學而能，所事而成者也。不可學，不可事，而在人者謂之性；可學而能，可事而成，之在人者[18]謂之僞。是性僞之分也。今人之性，目可以見，耳可以聽，夫可以見之明不離目，可以聽之聰而不離耳，目明而耳聰，不可學明矣。

表面上看，荀子這段話在駁斥孟子「人之學者，其性善」一觀點。

---

17 李滌生注釋此句話時提到，此說見《孟子·告子篇》（見註 3，頁 541）乃誤。孟子未嘗有此語。

18 此處的「之在人者」和之前的「而在人者」，顧千里疑當都爲「而在人者」。參見王先謙所集之諸種說法。此於義理之了解無礙，故本文不作討論。

但事實上，荀子在此所駁的只是孟子「性善」一觀念。（當然，從某個角度來說，若「性善」一說不成立，那「人之學者，其性善」，意即人之為學或所以為學是在成就他性之善，就不成立。由此，亦可說荀子在此是在駁「人之學者，其性善」一觀點。）依荀子的說法，孟子之所以有此錯誤的主張乃因他不了解「性偽的分別」所在。在這段話，荀子不只對「性偽之分」有明白的交待：對什麼是「性」、什麼是「偽」都予以明白的界定，也舉例說明什麼是屬於「性」（如「目明」、「耳聰」）、什麼是屬於「偽」（如禮義之生）。但問題是，他並未進一步剋就這分別來說明：為何他認為孟子提出「性善」或「人之學者，其性善」之觀點乃因不了解「性偽之分」的緣故？要明白這點，我們有必要進一步探究荀子對「性」、「偽」與「成善能力」間之關係的看法。

　　首先，就「性」來說。在這段話荀子告訴我們，「凡性者，天之就也，不可學，不可事。」「不可學，不可事，而在人者謂之性。」「天之就」即「天之成」的意思。說「凡性者都是天成就的」就等於下文所說，凡性者都是「不可學，不可事」的。而說它「不可學，不可事」，也就是說它無法透過後天的學習和努力而得或有。既無法透過後天的努力或學習，即人為的活動，而有，那很清楚地，他所表示的就是：凡性者或凡屬於性者都是我們生而即自然而有地有，[19]不是經過後天人為的努力而有。

　　其次，就「偽」來說。和「性」相反，「可學而能，可事而成，

19　依此，「天之就也」的「天」乃非實體字。表面上是個有實體意指之名詞，實則只扮演副詞之角色，表「天生自然地」或「自然而然地」。

之在人者謂之偽。」「偽」是「人之所學而能，所事而成者也」，也就是可以或必須透過後天的學習、努力而得的是「偽」。依此，性和偽的分別很簡單也很清楚。前者是我們生而自然而然地就有，不能透過後天人爲之努力而有；後者則相反，不是我們生而就有，乃必須或可以透過後天的學習與努力而後有。依這區分，可以看的能力、可以聽的能力是我們生而就自然而然地有的，因此是屬於「人之性」；而禮義是出於聖人之製作[20]，不是我們生而即自然地有，但卻是我們經過學習即能知、能成的，因此是屬於「偽」。

　　要了解爲什麼荀子認爲孟子乃因不了解「性偽之分」而有「人之學者，其性善」之主張，除了他對「性偽之分」的看法和對「性善」的了解外，我們還必須了解他如何看「人是如何而有成善之能力的？」依荀子的「性惡善偽說」或「性者，本始材朴也」的觀點，人性本身是無所謂善無所謂惡，即是中性、質朴的；人必須「有師法之化，禮義之道〔導〕」（〈性惡篇・一〉語）才能成就善行。禮義，就如同隱栝之於鉤木、礱石之於鈍金，是導正「有惡之傾向」的人性[21]向正、向善而使人能成就善之利器。沒有禮義就沒有成善的可能；成善之所以可能就在於有禮義。然而禮義，依荀子的說法，是聖人「積思慮，習偽故」（〈性惡・五〉語）而生起的，並不是人性內在固有，也不是本於人性所生而有的能力而製作出來的。（〈性惡・五&七〉）用荀子的話說，它是「生于偽」（〈性惡・

20　〈性惡篇〉云：「凡禮義者，是生於聖人之偽……聖人積思慮，習偽故，以生禮義而起法度……」依此，禮義是出於聖人之「製造」而不是「創造」，更不是人所生而內在本有。

21　說「性惡」即含此義。參見註 7。

五〉）──聖人之僞。所以人若要有禮義而得以成就善的行為（如忠孝、辭讓等）就必須先從師而學得禮義，即有禮義，之後才能成善。這也就是說，人必須經過「學」、「事」而後才能有禮義，（故前引文中荀子說：「禮義者，聖人之所生，人之所學而能，所事而成者也。」）才能行善。人之有禮義、能行善，依此，乃是「生於僞」，是屬「僞」所成之事。

　　既此，從荀子的立場來看，「成善能力乃來自于僞」，即經學、事而後有的，乃是很明顯的。故〈性惡篇〉在論證「性惡」之同時，也一再地論證、強調「善僞」──善行乃出自人為的努力而有。而說「成善能力」來自「僞」，就表示它不來自「性」[22]、不為「性」所本有。既不是性所本有，那它和性的關係就不同於「目明」、「耳聰」，即沒有「經驗實然」之「內在而必然的不離」關係。所以在駁斥「人之學者，其性善」這一段的最後，荀子說「夫可以見之明不離目，可以聽之聰而不離耳，目明而耳聰，**不可學明矣。**」說「目明」、「耳聰」是「不可學明矣」即表示它們是「生于性」。和前舉的禮義之為例作對比，說「禮義」是「聖人之所生也，人之所學而能，所事而成者也」，就隱含、暗示「成善的能力」也是經學、事而有，即來自「僞」，不是「性」本有。既此，當然不可說「性善」。然而孟子不但說「性善」且進而說「人之學者，其性善」，那當然是錯。造成此錯的原因就在於把來自於「學」、「事」，即

───────────────

22　善乃「性僞合而成」，（參見〈禮論篇〉；或見下文）即以性為材料而於其上施以人為的努力（即「以禮義化性」或加工培養）後才成就人的「為善之能力」。

「僞」,的能力認爲係「天之就也」,是「不可學、不可事」,即視爲來自「性」或「性」內在本有。所以在前引的那段話中,荀子才會直斥孟子之所以有此說乃因不辨「性僞之分」之故。

其次,就荀子對孟子「性善說」相關觀點之第二個評駁來說。

> 孟子曰:「今人之性善,將〔惡〕皆失喪其性故也。」
> 曰:若是則過矣。今人之性,生而離其朴,離其資,必失而喪之。用此觀之,然則人之性惡明矣。所謂性善者,不離其朴而美之,不離其資而利之也。使夫資朴之於美,心意之於善,若夫可以見之明不離目,可以聽之聰不離耳,故曰目明而耳聰也。今人之性,飢而欲飽,寒而欲煖,勞而欲息,此人之情性也。今人見長而不敢先食者,將有所讓也;勞而不敢求息者,將有所代也。夫子之讓乎父,弟之讓乎兄,子之代乎父,弟之代乎兄,此二行者,皆反於性悖於情也;然而孝子之道,禮義之文理也。故順情性則不辭讓矣,辭讓則悖於情性矣。用此觀之,人之性惡明矣,其善者僞也。

在這段話,荀子先針對「惡皆失喪其性故也」一觀點作駁斥,然後轉而陳述所謂「性善」之意義,再而就他所見的人性與善惡行的關係來說:順性則無善行表現;凡善行皆悖於性而依於禮義文理而有。「惡是如何產生的?」不是我們此處討論的重點,因此予以略過。

如前所述,依這段來說,荀子認爲忠孝、辭讓等道德行爲基本上都不是順性而是依禮義文理而悖反於我們「生而有」的「性」而

成的。既此，那表示我們「生而有」的「性」是不含成善的能力的。
因為若含成善之能力，也就是成善能力為性所本有，那只要順性，
不需要學禮義、有禮義，人就可以成就善行了。然而事實並不如此。
由此可知，我們生而有的「性」之於美、善的關係不同於「可以見
之明」之於「目」、「可以聽之聰」之於「耳」，不是那種經驗實
然之「內在而必然地存在于其中」的「不離的關係」。既此，由荀
子的觀點來說，就不能如我們說「目明」、「耳聰」般地說「性善」
了。這表示：孟子說「今人之性善」乃是錯誤的。

　　荀子對孟子「性善說」相關觀點之反駁大致如上。簡單扼要地
說，他之所以認為孟子講「性善」是錯的，主要理由就在於：一、
就他來說，唯有「成善能力」是「內在而必然地存在于性中」，也
就是為人所生而本有且不生而即喪失[23]，那才可說「性善」。換句
話說，二者關係必須像「目」與「見之能力」和「耳」與「聽之能
力」般地「不離」，我們才可如說「目明」、「耳聰」般地說「性
善」。二、但就荀子的了解，成善能力並不生於性，不是性所內在
而必然地本有，也就是並不是我們生而就有、不是「不可學、不可
事」的；它是我們經過，也必須經過，「學」與「事」而後才有的。
因此，它是「生於偽」。既「生於偽」，就不能說「性善」。三、
依荀子對現實經驗之觀察：人若「只順性而已」，絕不會有善行產
生，產生的將只是偏險悖亂之類的行為；人有忠孝、仁義等行為表
現都是悖反於性而依從於禮義文理的結果。這顯見說「性善」乃是
錯誤的，唯有說「善偽」才是正確的。

23　見上引文，荀子含有後一意思。

四、荀學是否眞不能講荀義之「性善説」？

　　若從荀子「性惡善僞」的觀點來看，依他自己對「性善」的了解，「性善說」是不能成立的。但這是否就表示由荀子的學思來說，他眞沒有主張「性善」的可能？在此是否有一可能，即他的其他觀點或由其他觀點來看，是含有他所謂的「性善」之意思，且它不與他「性惡」之基本主張或其他觀點相衝突？從「善之所以可能之根據」方面來看，荀子的學思似乎是含此可能。學者也大都是由這方面，也就是由「善僞論」之成立根據方面著眼而作如此的主張的。學者們的觀點是值得參考，[24]但不是本論文討論的對象，且篇幅有限，故以下僅就荀子學思本身來探究。

　　若荀子，一如孟子，也可講「性善」，那其可能性必落在「心」上。因爲對荀子而言，人之所以可能成善的內在而主觀的積極依據乃在「心」上。[25]

　　性惡是荀子的基本主張。既主張「性惡」又認爲成善可能，甚而主張人人都可成聖，（〈性惡·十二〉）這些主張之所以能同時成立，主要就在於：就人主觀方面來說，荀子一方面認爲「性惡」之「性」是「可化的」，另方面認爲「心能知禮義」和「能以禮義來化性而使人成善」（詳見下文）。換句話說，關鍵就在於心可知禮義與能以禮義來化性。心，在此意義下，就是荀子所說的是人人

────────────

24　學者們的觀點請參考他們的著作，如註 1 所示。

25　客觀依據爲禮義；主觀之消極依據爲性可化。詳見下文。

皆有「可以知仁義法正之質」、「可以能仁義法正之具」的那「質具」，也就是人人都可能成聖的那主觀而積極的依據。心就是人成善之內在而主觀的最終根源。故若荀子的學思可講「性善」（依荀子所了解的「性善」一詞之意來說），那必落在「心」上講。

一、「心」是「性」

首先，依筆者的了解，荀子所言的「心」有「心是性」與「心不是性」二義。[26]就「心是性」這方面來看，「心」既是成善能力的主觀而內在的最終根源，那荀子似亦可說「性善」。

在〈性惡篇〉荀子有云：「性不知禮義，思慮而求知之也。」這隱含思慮不屬性所有之功能。而在〈正名篇〉定義「慮」時，荀子說：「情然而心為之擇謂之慮。」此則明白告訴我們，思慮乃心之功能。既此，荀子似「不以心為性」。但，從荀子了解「性」的原則來說，對他而言，「心當也是性」。[27]本文以下即從後者來論說、討論。

依荀子，凡「生而有」的能力，如自然的欲望與自然的心理情緒及生理的本能等，都是「性」。簡言之，即凡「生而有者」都是

---

26 詳見拙著〈論荀子是否以「心」為「性」？〉一文，《中國文化月刊》第四十一、四十二期，1983 年 3、4 月。收入《孟荀道德實踐理論之研究》第三章。

27 「荀子是否以心為性？」關繫到荀子的道德實踐理論是否有自相矛盾及某些主要觀點（如人人可以成善、成聖之論點）是否成立之問題。學者的看法不一。詳見拙著〈論荀子是否以「心」為「性」？〉一文，同前註。

「性」。「生而有」是荀子判定是不是性的原則。[28]而在〈解蔽篇〉荀子提到:「凡以知,人之性。」除此,於同篇,在談到「虛壹靜」時,他還說:「人生而有知……心生而有知」。表面上看,這句話只告訴我們人生而有知的能力乃因心生而有知的功能作用,它並沒告訴我們「心就是性」。但,依荀子「生之所以然者謂之性」(〈正名篇〉)的原則,也就是「凡生而有者是性」的原則,它間接地告訴了我們:人之有「心」乃「生而有」;換言之,即「心是性」。

此外,在〈天論篇〉荀子稱「心」為「天君」。依〈性惡篇〉說的「性者,天之就也」來看,這表示「心」是人「生而即自然而然地有」的「能治者」、「主宰者」。[29]冠之以「天」即在強調人之有它乃是「生而有」,也就是它也是「性」,是人性之內容所含的。

依此,雖然荀子從沒明白地說過「心是性」或把心視為也是性,甚而有隱含「心不是性」之言論,但依上述來看,[30]荀子應是含有此義的。

---

28 〈性惡篇〉論證「性惡善偽」最常用此原則,請參見該篇荀子之用法。另前引之「天之就也,不可學,不可事」和「生之所以然者謂之性」也表此義。最後一句,徐復觀先生有不同看法。(《中國人性論史(先秦篇)》,臺灣商務印書館,1977 年 4 月三版)。參見拙著〈論荀子對人性的基本了解〉,《孟荀道德實踐理論之研究》第二章。

29 參見〈解蔽篇〉所云:「出令而無所受令,自……」一段。

30 在此筆者並未全列有關「心是性」之段落,僅舉幾個較明顯、關鍵的為例子。其他的例子見〈論荀子是否以「心」為「性」?〉一文。

二、心是成善的主觀而積極之依據

　　荀子以主張「性惡」聞名。但他的「性惡」並不意指「人性本惡」。[31] 就其在〈性惡篇〉所作的論證來說，「性惡」之「性」只是有「惡的傾向」，但此向並不是「定向」——絕對必然地傾向某方向而無導化之使之轉向的可能。因此，「化性」是可能的。要轉化而使之向善，就須以禮義爲標準。禮義，如前引文所示，就荀子來說，是出於聖人之偽作，並非人所內在本有。在此情形下，要「化性成善」，人就必須先透過「認知」而「有禮義」，而後才有以禮義爲標準來「化性」、「治性」而「成善」。而認知禮義，乃是「心」的工作。〈解蔽篇〉云：「人何以知道？曰：心」。這裡的「道」指的是禮義。在這段話，荀子就明白告訴我們：我們是靠心認知禮義的。

　　有關心在認知禮義之後如何化性而使人成善，荀子有幾段相關的文字。

　　　1.何謂衡？曰：道。故心不可以不知道。心不知道，則不可道而可非道。……心知道，然後可道；可道，然後守道以禁非道。（〈解蔽篇〉）

　　　2.心居中虛，以治五官，夫是之謂天君。（〈天論篇〉）

　　　3.心者，形之君也，而神明之主也，出令而無所受令。自禁也，自使也，自奪也，自取也，自行也，自止也。故口可劫

31　見註 7。

而使墨〔案，即默〕云，形可劫而使詘申，心不可劫而使易意，是之則受，非之則辭。……（〈解蔽篇〉）

4.……故欲過之而動不及，心止之也，……欲不及而動過之，心使之也。……（〈正名篇〉）

依第一段引文，心認知禮義之後就會認可禮義，即以禮義為是、為對、為標準，進而會守著它而禁止人行非禮義之事。因為心是「是之則受，非之則辭」，只接受它認為對的，而不接受它認為不對的。禁止人行非禮義之事包含禁止人「順性而無節」地行，因「性無禮義」、「性不知禮義」（〈性惡篇〉語），順性而無節所行，依荀子的「性惡善偽」論證，乃非禮義、違禮義之事。（〈性惡篇〉）禁止人「順性而無節地行」就是在「治性」、「化性」，在使人不行惡。〈性惡篇·七〉云：「然則生〔性〕[32]而已，則人無禮義，不知禮義。人無禮義則亂，不知禮義則悖。然則生〔性〕而已，則悖亂在已。用此觀之，人之性惡明矣，其善者偽也。」如果只有性而沒有其他（如心），那人就不知禮義，沒有禮義。在論證「性惡善偽」時，荀子是從人生而有的自然情欲、生理的本能作用和自然的心理情緒來說性的。[33]此義之性自不含禮義，沒有知的能力，也不知節制，無節制可言。（〈禮論篇〉）另，荀子有云：「禮者，節之準也。」（〈致士篇〉）禮是法度、節制、分寸之來源、標準。

---

32 盧文弨曰元刻本作「性」；下同。春秋戰國時，多有「生」、「性」二字互用之情況。荀、孟作品亦是。故依盧文弨所說，改為「性」字。

33 參見〈性惡篇〉。此義之性自不含禮義，不是知的能力。也不知節制，無節制可言。（〈禮論〉）

（〈性惡篇〉、〈禮論篇〉）無禮則無法，無法則無節制、分寸。
這就含一個人知不知節制就視他知不知禮。依此，若只有性而已，
人自然就只知道順性而無節，而順性無節乃屬非禮義、悖禮義之
事，（〈性惡篇〉）其結果乃為偏險悖亂，是惡。（〈性惡篇〉）
由此來說，禁止人順性而無節地行或行非禮義之事就是在作「治
性」、「化性」之事。這「禁」、「止」人順性而無節的作用，實
即上引之第四段話所表示的心之「使」、「止」欲的功能。依此，
心不只「治性」，而是「治性」就含「化性」在內；或說，它之「治
性」就是它在「化性」。而該使或該止，基本上乃出於心之自我定
奪（自奪）、自我決定（依禮義而定）。因心是「出令而無所受令」
的。這即前面所說的心乃治者、「天君」，自我作主之治者，主宰
者。治性、化性乃心在行使天君之功能作用。

　　從「守道以禁非道」來講，則心知禮義之後所做的，依上所述，
就很清楚了：透過對「性惡」之「性」行使「使」、「止」的功能，
心不但使人不因自然情欲之過多、過份而行違反禮義文理之惡事，
更主要的是，它還使人因節欲、使欲而行合於禮義文理之忠信、辭
讓等善行。「禁非道」是消極的不使人為惡；「守道」則積極的使
人為善。

　　由以上所述我們可以看出，以禮義為標準，透過「使」、「止」
「性惡」之「性」（大多指「自然欲望」──參見〈性惡篇〉），
心可以使人成就善的行為。而說此無異於說人之「成善的能力」乃
「來自于心」：心是人所以能成善之內在而主觀的依據。（簡言之，

也就是一般說的「心善」。[34]）

　　既此,若「心當也是性」,那說「成善能力來自于心」就等於說「成善能力來自於性」;而說此就等於說成善能力爲人所「生而有」,是內在於人「性」中。若此,則成善能力與性的關係就如同人之見的能力、聽的能力與目、耳的「不離」關係一樣。若此,那依荀子對「性善」的了解,這就是「性善」了。這也就是說,從「心是性」和「心是人成善之所以可能的主觀而內在的依據」來看,荀子的學思是含有他所了解的「性善」之意義而可講「性善」的──就二者有內在而必然的關係來說。[35]

五、荀子承認「性善」之困難處

　　依前的了解,荀子似如某些學者所主張的,也可講或也含「心善說」或「性善說」之意,尤其就荀子本身所了解的「性善」之意思來講。但若進一步分析、了解荀子的「心」和「成善能力」的關係,也就是進一步探究荀子所了解的「心」是如何才能「知」禮義與「治性」──即盡其「天君」之職份的,那我們將發現,事實並不如此。在荀學體系內要成立這說法將碰到一些困難,其中最大的,就是荀子於這方面非常強調的「性僞之分」。換言之,若持這種說法,那就犯了荀子評駁孟子主張「性善說」所犯的毛病。[36]因

34　如唐端正用此詞說荀子之意。

35　二者之「內在而必然的關係」是否如耳與聽、目與見係「經驗之實然」的「內在而必然的關係」,將於和孟子之「性善說」作比較時討論。

36　這當然是從荀子而不必是從孟子的角度來說。

「心」與「成善能力」間的關係和「目明」、「耳聰」間的關係不同：它們不是經驗實然的「生而有」之「內在而必然的不離關係」。

一、心不是生而能知禮義

首先就「知禮義」來說。依前引的〈解蔽篇〉的話，心是「生而有」知的能力。但在此我們必須注意，「生而有」的「心」是不能認知禮義的。依荀子的說法，人心如一盤雜有泥渣的水。盤水擺正不動，泥沙就下沉而水清可見細微之物；但若風吹而動搖，水就混濁不可見物或不能如物之實而客觀見之。（〈解蔽篇〉）這是就人所「生而有」的「心」言的。荀子的另個說法是，生而有的心有「心術之患」、「蔽塞之禍」，[37]所以要認知禮義就必須「解蔽」，也就是要作工夫以保持心之清明、要作工夫把心擺正不動。這工夫就是「虛壹靜」。[38]（〈解蔽篇〉）

作工夫是後天人為的努力，是「事」。需作工夫才能認知禮義，這表示「生而有」的「知」或「心」不足以使我們認知禮義；我們必須在「生而有」的「心」或「知」的能力上作加工的活動、行人為的努力，而後才能有認知禮義的能力。這也就是說，能認知禮義的「大清明之心」不可以視為「性」。既此，那「心」與「認知禮義之能力」的關係不是「內在而必然地本有之不離的關係」，乃是

37　〈解蔽篇〉列舉了十個：欲、惡、始、終、遠、近、博、淺、古、今。

38　有關荀子「虛壹靜」之意思參見〈解蔽篇〉與拙著《孟荀道德實踐理論之研究》第五章。

「材料與加工活動之成果」的關係。依荀子對「性」與「偽」的區分，它不屬於「性」，乃屬於「偽」。

二、心非生而即能成就「治性」之功能

依〈天論篇〉之所言，「心」是「天君」──天生的能治者、主宰者。它之能治、能主宰就顯現在它對五官之作用的主宰和對欲望之「使」、「止」（見前引自〈天論篇〉和〈正名篇〉那二段話）上，也顯現在對它自己行「禁」、「行」等功能和「出令而無所受令」上。（見前引自〈解蔽篇〉之文）在此很重要的一點是：心之「使」、「止」欲求是以其所可來為之。基本上，心是「是之則受，非之則辭」的，但它之定是非、決嫌疑也會受外物之牽引而紛亂擾雜。[39]在此作修養工夫以保持心之正靜、清明是必要的。這修養工夫就是前面所說的虛壹靜之工夫。

由此我們可以很清楚地看出，就算是「治性」，也就是行使它「天君」之功能，心也不是靠它「生而有」的能力就能做到、完成的，也就是它並不是「生而即能成之」的。要盡它「天君」之身份之所當盡，心也要作工夫、要經後天人為之努力。換言之，這治性能力之具體實現及此工夫之完成，都有賴於「偽」。用亞氏的「潛能與現實」（δυναμις、ενεργεια, potentiality、actuality）這組概念來說，心所「生而有」的治性能力是屬「潛能」；要使之成為「現實」，就必須經過「偽」，也就是要在「生而有」的「心」上作虛壹靜的修養工夫。經過此工夫之後，心之治性的能力才成為「現實」。若

39　參見〈解蔽篇〉言「人心如槃水」一段文字。

此，那依荀子的「性僞之分」，心之治性能力的實際發揮其作用與
完成其職份，都不能說是「生于性」，雖它不離於「性」——就「心」
之爲「生而有」來講。但此處之不離，明顯的不是「目明」、「耳
聰」類的不離，而是材料與加工活動之成果的關係。

三、小結

　　依前所說，「心」之所以是人成善的內在而主觀之積極依據，
主要乃在於心能「知禮義」和以禮義來「化性」。必須經過「知禮
義」與「化性」這兩步，人才能成善，也就是才有能力成善。如今，
依前之了解，對荀子而言，不論是知禮義或化性，心都必須作「虛
壹靜」之工夫。既此，那很清楚，「成善能力」，就荀子來說，並
「不是生而有」的，即「不是心生而有成善的能力」。心乃經過學、
事，作修養工夫而後才把「生而有」的能力培養成爲「成善的能力」。

　　既此，那即使「心」就「生而有」來講是「性」，但，依荀子
的了解來說，「成善能力」與「心」或「性」的關係都不同於可以
聽、可以見之能力與耳、目的不離關係。聽、看的能力是：只要人
有該能力，那就一定是「生而有」（即來自於「性」）且是「生而
必然地存于耳目之中」。但心之有成善能力卻「不是生而有」、「不
是來自性」，而是「來自僞」。二者的關係是不離，但不是「內在
而必然地本有」之「不離」，乃是「材料與加工成果關係」之「不
離」。根據前此所作的了解，這並不是荀子所謂「性善」之意思。
因此，很顯然的，就荀子本身對「性善」二字的了解來說，即使「心
是性」及「心是成善能力之來源」，荀子也不能講「性善」，和某
些學者所主張的正好相反。

六、結論

　　由前引的〈性惡篇〉第四段，我們看到了，荀子不只主張「性惡」，也有他自己對「性善」的了解與看法。依對該段文字所作的分析，荀子對「性善」一詞的了解是：**成善的能力乃內在必然地為人所本有，即「成善能力」與「性」**，如聽、看之能力與耳、目，**有「內在之絕對不離的關係」，且這關係是一「經驗的實然」。**

　　站在主張「性惡」的立場，荀子當然對孟子的「性善說」有所評駁。透過其涉及義理思想方面之評駁，我們看到，荀子雖有他自己對「性善」的了解，但，基本上，他並不認為「性善說」可成立。尤其是站在他自己對「性善」的了解與「性惡善偽說」之立場，更認為孟子的「性善說」不成立。主要的理由大致有二：第一，認為孟子「性偽不分」，致誤以為「性善說」可成立。第二，認為「生而有」的「性」不含「成善的能力」；人之成善乃「依禮義化性、治性」之結果，即經人為之努力而成就的，是「出于偽」，不是「生于性」。[40]

40　若順上文以亞氏的「潛能與現實」這組概念來了解的話，荀子的「心」所「生而有」的「能知」與「能治」之能力，即能發長成為「成善能力」的那能力，乃是種「潛能」。在此荀子的觀點和亞氏非常接近。就「潛能」乃人「生而有」來說，它當然是「性」。但「成善能力」，無論對亞氏或荀子，都不是「性」。就荀子，依上文之了解，它乃人經「學」、「事」，即「偽」也就是後天的人為努力，而有；就亞氏，則是透過不斷的作道德行為、不斷的練習而有，（Nicomachean Ethics,II. 1,1103a14-25, 1103a31-1103b2）也就是它必須經培養、訓練才能發展成為「成善能力」——一種處於「現實」狀態的能力。

　　雖然荀子主張「性惡」，也反對孟子主張「性善」，但仍有學者扣緊荀子以「心」為人「成善之所以可能」的根據來主張荀子也可說「性善」或「心善」。關於這一說法，依前此所作之探討，表面上看，荀思本身似含成立他自己所了解的「性善說」之可能，即就「心生而能知」及「心能治性而使人成善」這方面來說；但，依吾人前此所作的進一步之探究，發現事實並非如此。關鍵就在於：對荀子而言，成善必須心認知禮義而後以禮義來治性方可能，而心知禮義與心治性，對荀子而言，都必須作虛壹靜的工夫、成為「大清明之心」方可能。**心並不是生而即能知禮義與即能成就治性之工作的。**這表示，成善的能力不是「生而有」之「心」有之；它乃「大清明之心」方有之。

　　雖然如前所提，荀子言「心」有「心是性」及「心不是性」二義，但，很清楚，如前所提，對荀子而言，「大清明之心」不可以「性」視之。既此，「成善能力」不來自「性」：它與性的關係不是經驗實然之「內在必然的本有」之不離的關係，不是荀子所了解的「性善」之意思。依此，我們說，就荀子本身所了解的「性善」來說，部分學者之看法並不能成立，也就是荀子，一如他自己主張的，並不能講「性善」。

貳、由「成聖」看荀子的「爲學步驟」

一、緒言

對荀子而言，爲不爲學關繫到一個人是不是「人」（價值意義的）。[1]他的書就以〈勸學篇〉開始，且該篇由各個不同的角度，舉各種不同的例子，來強調爲學的重要而極力勸人爲學。由此可見，他對「爲學」的注重。

關於「爲學」，荀子於〈勸學篇〉說：「學惡乎始？惡乎終？曰：其數則始乎誦經，終乎讀禮；其義則始乎爲士，終乎爲聖人。」學有「始」、「終」就表示「爲學」有一定的「進程」；這「進程」可以分由「學之數」（爲學的具體途徑）與「學之義」（爲學的目的／意義）兩方面來說。前者由誦讀經典開始，而終於讀禮[2]；後

1　〈勸學篇〉：「爲之，人也；舍之，禽獸也。」此中的「之」即指「爲學」。

2　「讀禮」二字在此的確切意指，見下文討論。但可以確定的是，它不指所當誦讀的經典〈禮〉，而是指聖王所制定的典章制度（也就是禮文、禮法）所依據的「理」，即聖王／大儒所知通的「統類」。詳見下文。

者則由立志爲士或美身[3]開始，而後君子，最後是聖人。[4]「成聖」乃是爲學的最終目的。

　　「爲學」既有「始」「終」、有一定的「進程」，那表示爲學是個有過程的活動。但在「始」、「終」的過程中，人爲學所需作的是什麼呢？會或應經過什麼階段或步驟呢？[5]關此，在前面引自〈勸學篇〉的那段話並沒有提及，不過在該篇該段文字之後，荀子有段話告訴我們，爲學當作的事有：**「誦數以貫之，思索以通之，爲其人以處之，除其害以持養之。」**[6]這四件事，荀子是依序一個個地說下來的。[7]既然在荀子爲學是個有「始」「終」、有「進程」

3　〈勸學篇〉：「君子之學也，以美其身；小人之學也，以為禽犢。」

4　〈儒效篇〉：「彼學者，行之，曰士也。敦慕焉，君子也。知之，聖人也。」

5　若說就荀子而言，為學是「歷程」，有「經驗」，筆者贊成；但若由之說荀子之學是「體驗」，意含無知行、先後次序或步驟，如某匿名審查者所說，則筆者反對。於荀子，「為學」絕非只是或是「體驗」，這由荀子前二引自〈勸學篇〉的兩段話及本文前後之論述即可看出。另參見註7。

6　〈勸學篇〉：「君子知乎不全不粹之不足以為美也，故誦數以貫之，思索以通之，為其人以處之，除其害者以持養之……君子貴其全也。」

7　或許有人會認為荀子在此只表示為學要做這四件事，並沒以它們之間乃有先後次序的，因此質疑吾人是否可以把它們看成是有前後順序的為學四步驟，（如民國99年筆者研究所課程「荀子修養論」的同學就有這問題）。就這四件事來說，以最前面的兩個（「誦數以貫之，思索以通之」）來看，很明顯地，乃應先作「誦讀」（學之數「始乎誦經」），而後作「思索以通之」。它們是有先後次序而可視為前後兩步驟的。至於後二項（「為其人以處之，除其害以持養之」）的先後次序，詳見下文討論。基本上，前二項屬「知」之事，後二項屬「行」（「實踐」）之事。依荀子，為學的最終目的在「成聖」，而成聖乃「積善」而成。（〈儒效篇〉：「積善而全盡，謂之聖人。」）既此，為學乃必須要先「成善」。「成善」，在荀

的活動，那吾人自可將「為學進程」中應該作的這四件事視為是「為學的四個步驟[8]」。[9]依「為學的最終目的在成聖」來看，其最後一

子來看，乃人「知」禮義之後，再「依禮義而行」所成。若此，前二項與後二項之間也有先後的次序。這表示，就「為學」來說，其「進程」乃是：先知而後行。（但這不表示為學止於單純的「行」而已）「為學」既有「進程」，於荀子，又有先後次序之分，那為學所當作的事（如前提及的四件事）乃是進程式地、有先後次序，而可將所需作的這四件事就視為是「為學的四個步驟」。

8 或許有學者會認為在此用「步驟」一辭有割裂知行於荀子為學之關係而不易深入其中義理，因儒家的聖人以「知行合一」為宗旨，如某匿名審查者之看法。但，本文基本上並無此問題：「步驟」乃就「為學之具體**途徑**」，並非就其達致的**最終目的**——聖人而言（本文在此用這詞乃就 「為學的具體途徑」而言，即就達到「聖人」理想的「具體途徑」而言，並不是就「聖人」來說。兩者有別，並非同一）；本文最終的結論是：為學以達「成聖」的最後一步驟是「攝知歸行」、「以行著知」，此處顯出：為學所實現之最終理想的「聖人」並不知與行割裂；再者，不用「知行合一」一詞，一方面在為學過程中，於荀子不是如此，另方面若將該詞用於荀子之「為學」或「聖人」，則失去荀子特重「知」之意義，也過於含糊：以「儒家皆如此」一語帶過，就忽略儒家中荀子的特殊性，如「知」與「行」的關係（尤其此中「知」之意）在荀子的「為學過程」與「聖人」身上絕對不同於一般儒家，如孔子、孟子、王陽明或宋明儒等，之「知行合一」的意思。有關荀子之後一觀點詳見正文下面論析。

9 或許有人認為荀子於此也許沒那麼認真的把這四項視為就是為學的四個步驟或有前後次序（如筆者 2010 年第一學期於政治大學哲學研究所開「荀子修養論」一課，就有同學提出這種看法；一般學者未論及荀子為學的這四個具體步驟及其所含的問題，或許就是持這種看法，也或許是沒注意到荀子於此所提及的）。但荀子於此確實提出這四種方法或步驟，且一個個地說下來，是有順序的。再者，〈勸學篇〉云：「學惡乎始？惡乎終？…」由這段話可以看出，在荀子，「為學」是有「終始次序」的，且他的態度

步驟既為「除其害以持養之」，即乃「行」之事，那荀子的「聖人」乃是由「行」來規定的。《荀子》一書中也誠然有許多地方是持「**為學至於行而止**」看法的。[10]但《荀子》一書中又有好些地方表示，聖人是以「知」來規定的，如〈儒效篇〉就明白說：「**知之，聖人也。**」而其它如〈脩身篇〉說：「**齊〔齋〕明而不竭，聖人也。**」〈君道篇〉云：「聖人……**審**之禮也。」而最明顯、最關鍵的則是「**知通統類**者為大儒／聖人」一觀念。[11]若依這幾句話，既然為學的最終目的在成聖，那為學的最後一個步驟應屬「知」之事，而不是「行」。依此，不只對於「聖人」的了解，還有「為學的最後一步驟」，荀子都有不一致，甚而可說是矛盾（是「知」即不是「行」，是「行」即不是「知」）之處。[12]

是很認真的。依之，吾人沒理由，至少沒直接及足夠論據說：荀子於此只是隨便一提，他並不是認真的認為這四者就是為學的四個具體步驟。加上學者不視之為步驟之看法。

10　〈儒效篇〉：「積善而全盡，謂之聖人。」〈儒效篇〉：「學至於行之而止矣。」〈解蔽篇〉：「故學也者，固學止之也。惡乎止之？曰：止諸至足。曷謂至足？曰：聖王。聖也者，盡倫者也；王也者，盡制者也；兩盡者，足以為天下極矣。」〈儒效篇〉：「積善而全盡，謂之聖人。」〈儒效篇〉：「聖人者……已乎行之矣。」另見下「聖人」部分之引文。

11　〈儒效篇〉：「志安公，行安脩，**知通統類**，如是則可謂大儒矣。」〈解蔽篇〉：「故學者以聖王為師，案以聖王之制為法，法其法以求其統類，以務象效其人。嚮是而務，士也；類是而幾，君子也；知之，聖人也。」

12　有些學者認為荀子的「聖人」乃「知行合一」，並沒此處筆者所提出之問題（見註8）；另有學者認為聖人由「知」、由「行」來說之不同，乃因側重點不同，故並沒不一致問題；亦有學者認為此中「知」之意不同於一般，如龍宇純（〈荀卿子記餘〉《中國文哲研究集刊》15期，1999年9

　　學者若不是認為荀子在有關「為學步驟」方面沒有上述的這些問題，就是沒注意到。本文將針對這方面的這些問題，扣緊文本來作深入的瞭解、分析與探討。解決的關鍵乃在於荀子的「聖人」一概念。透過探討「荀子是如何了解『聖人』的？」就可確定「荀子為學的具體步驟應當為何及當止於何？」此中，「終乎讀禮」之「**讀禮**」二字的確切意指，以及「**知通統類之三層意涵**」和「**知與行的關係**」於成聖過程中及其在「聖人」身上是不同的，這是最為關鍵的。在〈勸學篇〉**荀子提出為學有步驟**，但依他對「聖人」的了解，**本文的結論是：為學的步驟應該有五**（一、誦數以貫之，二、思索以通之，三、為其人以處之，四、除其害以持養之，及五、全盡禮義而「攝知於行」、「以行著知」），如此同時解決上述二問題。

　　本研究基本上以王先謙的《荀子集解》為主要的文本依據，[13]另參酌李滌生的《荀子集釋》。[14]方法則取最基本的研究方式：扣緊文本來作了解與分析，需要時再參考學者的觀點。

月，頁 211）。因此會認為此文無原創性或新意而無貢獻。但筆者並不認為如此，因上述說法忽視其中有當簡別者，因未簡別者而致令其看不出此文之新意與貢獻處。關於前第一種說法，參見註 8；第二種說法忽略為何會有不同的側重面及為學次序的問題。後一說法詳見本文於「聖人」部分對「聖人知通統類／知禮義」之「知通統類／知禮義」三種／層意涵的探討、解析。

13　以下有關《荀子》引文，皆出自王先謙（1973）的版本。雖不同書局出版的版本頁數可能會有不同，但文句內容皆同。換言之，在參考、研究或察證上，任何書局出版的都可以。因此本文對引用的文句都只標出《荀子》篇名，不再另註出頁數。

14　李滌生，《荀子集解》，臺北：臺灣學生書局，1979 年 2 月初版。

二、爲學的目的與途徑

如前所述，對荀子來說，「爲學的最終目的」在「成聖」；而在「成聖」的過程中，即在「爲學的步驟」上，荀子碰到了「爲學的最後一步驟是屬於『知』或『行』呢？」的問題。除這問題外，還有幾個問題需加以討論。

> 1.〈勸學篇〉：「學惡乎始？惡乎終？曰：其數則始乎誦經，**終乎讀禮**；其義則始乎爲士，**終乎爲聖人**。……**故學至乎禮而止矣**。夫是之謂道德之極。」
> 2.〈勸學篇〉：「君子知乎不全不粹之不足以爲美也，故誦數以貫之，思索以通之，爲其人以處之，除其害者以持養之……**君子貴其全也**。」

第一段引文只說到爲學的「始」、「終」。第二段引文則提到爲學具體當作的事。第一段引文中「其數」的「數」即「路數」之「數」的意思；也就是「其數」指的是爲「學的路數」、「爲學的途徑」。「始乎誦經」即指以誦讀詩、書、禮、樂、春秋等經典爲「爲學之始」。「終乎讀禮」則指爲學的最後一步驟就是「讀禮」；但這並不是以「誦讀經書中的〈禮〉」來作爲爲學的最後步驟。依上第二段引文，爲學至少有四個步驟：一、誦數以貫之（貫串所誦讀的經典）、二、思索以通之（思索貫通所讀經典的道理而把握到通貫、統攝一切事理之理，即禮之所以爲禮之理或禮法）、三、爲其人以處之（以聖王爲師而效法其行禮法）、四、除其害者以持養之（袪

除影響「依禮法而行」之因素）。依之，「誦讀」只是爲學的開始、第一個步驟，不是最後一個步驟。因此，「終乎讀禮」的「讀」，若以之爲「誦讀」的「讀」，則明顯與第二段引文所講的相矛盾；而且，若以之爲「誦讀」的「讀」，則「學惡乎始？惡乎終？…其數則始乎誦經，終乎讀禮…」這句所講實只是「爲學的最初始步驟」，即只是爲學之「始」，不含學之「終」不合其文意，不能以「其〔學之〕數」說之。這是把「學之始」當作「學之數」，實不合理。所以在此就有：「『終乎讀禮』的『讀』當如何了解？」的問題。相應「學之義」最終在成爲「聖人」來說，從下文「故學至乎禮而止矣。夫是之謂道德之極」來看，**此「讀」字代表「學」**，[15]**而且不是一般意義的「學」：它是「讓人達到『道德至極』而成爲『聖人』之學」**。但，如何學禮可以讓人如此呢？這涉及到「怎樣才是『聖人』？」的問題而荀子所謂的「善學者之學」，即「君子之學」，對吾人解決此問題甚有助益，故以下先就之來做了解。

　　3.〈勸學篇〉：「百發失一，不足謂善射；千里蹞步不至，不足謂善御；**倫類不通，仁義不一，不足謂善學。學也者，固學一之也。一出焉，一入焉，涂巷之人也；其善者少，不**

15　先秦典籍是有以「讀」爲「學」者，如《左傳・昭公 12 年》：「正月，乙未，入，逆而出……楚令尹圍請用牲讀舊書加于牲上而已，晉人許之。」另如《論語・先進》：「子路使子羔爲費宰。子曰：『賊夫人之子。』子路曰：『有民人焉，有社稷焉。何必讀書，然後爲學？』子曰『是故惡夫佞者。』」感謝東海大學哲學系張一中老師提供此資料以證筆者之了解於用字上有據。

善者多，桀紂盜跖也：**全之盡之，然後學者也。**」

4.〈大略篇〉：「誦數以貫之，**全也**；思索以通之，**粹也**。
全而粹，則倫類通，仁義一矣。」

「善學者之學」是能「通倫類」、「一仁義」、與「全之盡之」的。
此中的「通」即第二引文中「思索以通之」的「通」。「倫」是「理」、
「法」的意思。「通倫類」乃指能思索通貫法類之理。「一仁義」
之「一」不同於「一出焉，一入焉」之「一」。後者意指「一會兒
如此」、「一會兒如彼」。「一仁義」的「一」是「學也者，固學
一之也」的「一」，即〈儒效篇〉所謂的「執神而固」、「萬物莫
足以傾之」的「一」，也就是「全之、盡之」的「全」、「盡」之
意，指「常」、「不變」，不為任何事物給影響而定於「一（禮法）」。
依下文，即是無一不依仁義／法而行、所行全都是善。這也就是說，
「全之盡之」的「之」乃指仁義或倫類而言，也就是〈儒效篇〉「積
善而全盡謂之聖人」中「全盡」的對象。要能通倫類、一仁義就必
須先能「誦數以貫之」、「思索以通之」[16]——此即第二段引文所
示的為學之第一、二步驟，屬「知」之事。「一仁義」、「全之盡

---

16 就荀子，必須先「知禮義」，而後才能「行禮義」，（見〈性惡篇〉、〈解
　　蔽篇〉）因禮義出於「聖王制定」，非人內在本有，如〈性惡篇〉：「故
　　聖人化性而起偽，偽起而生禮義，禮義生而制法度；然則禮義法度者，是
　　聖人之所生也。」另該篇又言：「凡禮義者，是生於聖人之偽，非故生於
　　人之性也……聖人積思慮、習偽故，以生禮義而起法度，然則禮義法度者，
　　是生於聖人之偽，非故生於人之性也。」

之」[17]乃「知之後」的「行」。

依此，「終于讀禮」之「讀禮」即「學至乎禮而止」的「學禮」，也就是為學所止的「學禮」、「讀禮」乃意指「知而後行」、「**知而後全盡禮義**」。此「學」、「讀」乃就「知而後行」言，意涵「為學的最後一步驟」是「行」——全依所知的禮法而行。能如此乃前述的第三、四步驟之後事，即需「為其人以處之」、「除其害以持養之」而後方能做到的。依之，**為學的具體途徑應有第五個步驟，而不是如前第二段引文荀子所表示的，是四個步驟而已。**

在進入討論「為學的最後一個步驟是否當為『知』？」之前，吾人有必要針對至此吾人所了解的荀子的「為學步驟」，也就是前引的第二段段引文所表示的為學必作的四件事，加以了解。

基本上，關於第一個步驟——「誦數以貫之」，在了解其意指上比較沒問題。「誦數以貫之」，較之於第一段引文所說的「為學」乃「始乎誦經」，則多了「以貫之」三字。這可以說是進一步詳細地表示「始乎誦經」之「誦經」於荀子不是只個別、零散地誦讀〈詩〉、〈書〉、〈禮〉、〈樂〉、〈春秋〉等經典，而是要進一步地把它們連貫起來。換言之，這些經典雖各有各的重點、特色，但，對荀子而言，它們所講的並不是相互無關的，故即使只是誦讀，也應把它們關連起來了解。

　　5.〈勸學篇〉：「…書者，政事之紀也；詩者，中聲之所止

17　「全之盡之」之「全」，在此並非第 4 段引文就「智思」方面來講的「全」、「粹」之意。詳見下文。

也；禮者，法之大分，類之綱紀也⋯⋯禮之敬文也，樂之中
和也，詩書之博也，春秋之微也，在天地之間者畢矣。」

6.〈儒效篇〉：「聖人也者，道之管也：天下之道，管是矣；
百王之道，一是矣。故詩書禮樂之道，歸是矣。詩，言是其
志也；書，言是其事也；禮，言是其行也；樂，言是其和也；
春秋，言是其微也⋯⋯天下之道畢是矣。」

由這兩段文字可以看出，各經各有其側重點，所講不同，但它們和
所講的都和聖人之道、天下之道，或言百王之道，有關：各由一面
來言。能對之統而攝貫之，則天下之道盡於是。故需先把它們關連
起來讀、關連起來了解。[18]「博雜無統」是荀子所忌諱貶抑的；[19]其
所以「隆禮義而殺詩書」（〈儒效篇〉）即本於此基本態度。

　　依荀子，在誦讀、貫串諸典籍後，在為學上，人緊接著要作的
乃是：「思索以通之」，也就是〈大略篇〉（見前引第三段引文）
所謂的「粹」。依荀子〈勸學〉所言，為學需誦讀的五部經典（〈詩〉、
〈書〉、〈禮〉、〈樂〉、〈春秋〉）已涵蓋天地間人所需學的事
與理了。經典的經文要「誦讀」，其內容要「知」，其所含的「理」

18　有關「統貫」、「條貫」，詳見下文。

19　參見〈儒效篇〉之論小儒、俗儒、雅儒、大儒之別。對「詩書之博」，荀
　　子說是「故而不切」（〈勸學篇〉）；至於「學雜」，〈勸學篇〉云：「上
　　不能好其人，下不能隆禮，安特將學雜識志，順詩書而已耳⋯不道禮憲，
　　以詩書為之，譬之猶以指測河也，以戈舂黍也，以錐飡壺也，不可以得之
　　矣。」另，〈非十二子篇〉中斥孟子「略法先王而不知其統⋯聞見雜博」。
　　由此可知，「博雜無統」乃荀子之所忌。

「道理」則不只要「知」，還要加以「思索貫通」。這也就是說，繼「誦讀」之後，還要「思索貫通」這些經典所講、所含的那些道「理」。「思索以通之」的「之」指的就是「誦數以貫之」的五部經典所含、所講的道理。「思索以通之」之前需先作「誦數以貫之」。依之，很清楚，它們是有先後次序的。也就是就為學而言，「誦數以貫之」是第一件是要作的事，也就是第一個步驟；「思索以通之」則是緊接著該作的第二件事，也就是第二個步驟，或說是為學的第二階段所當作的事。

　　「思索以通之」之後，荀子提到的、為學當作的事是「為其人以處之」。荀子一再強調「學者當以聖王為師」，[20]依此，此中的「人」乃指「盡倫」、「盡制」之聖王[21]（如先王的堯、舜、禹及後王的文王、武王），也就是〈儒效篇〉所說的「知通統類」之「大儒」（「法禮且知其所以然之理」的「聖人[22]」）[23]（有關荀子對

<hr/>

20　〈勸學篇〉：「**學之經莫速乎好其人**，隆禮次之。上不能好其人，下不能隆禮，安特將學雜志、順《詩》、《書》而已耳。則末世窮年，不免為陋儒而已。將**原先王**，本仁義，則禮正其經緯蹊徑也……。」〈脩身篇〉：「禮者，所以正身也；師者，所以正禮也。無禮何以正身？無師吾安知禮之為是也？……故學也者，禮法也。夫師以身為正儀，而貴自安者也。」〈解蔽篇〉：「故學也者，固學止之也。惡乎止之？曰：止諸至足。曷謂至足？曰：聖王。聖也者，盡倫者也；王也者，盡制者也；兩盡者，足以為天下極矣。故**學者以聖王為師**……。」

21　見〈解蔽篇〉：「聖也者，盡倫者也；王也者，盡制者也；兩盡者，足以為天下極矣。」

22　〈儒效篇〉：「禮者，眾人法而不知，聖人法而知之。」

23　有學者認為〈儒效篇〉「知通統類」之「大儒」並不就是「聖人」。筆者取一般之見解，以荀子所謂的「大儒」其實就是「聖人」。理由如下：〈儒

「聖人」或「聖王」的了解，詳見下文）。依之，「思索以通之」的「通」就不只是指對各個典籍的道理有「全盤通貫」的了解，還含：由之而把握到通貫且統攝這一切理者，即「禮之本」、「道之體」、「法類之所以爲法類」之「根據」，也就是「禮之所以爲禮之理」。（詳見下文論「聖人之知」的部分）這也是某意義的「知禮義」。[24]

另，應附帶一提的是，就荀子來說，人必須先「知禮義」而後才能「行禮義」，因禮義／法乃出自聖王之制定，不是人「生而有之」，故必須透過「知」方能「有禮義」、進而「行禮義」。[25]「知」先於「行」；「知禮義」乃屬「思索以通之」。由之，吾人可以了解，爲何荀子將之放於「行」之前而緊接在「誦數以貫之」之後，而爲爲學的第二個步驟。荀子認爲人「知禮義」時會碰到「心蔽」的問題而須作「虛壹靜」的工夫。因此，爲學所需作的第二件事，也就是爲學的第二個步驟，實含或應合作「虛壹靜」的工夫在內。

在「思索以通之」之後，荀子提到的是「爲其人以處之」。它的意思是：設想古聖先賢於如此如此之情境將如何如何地做，透過效法聖賢之作法（即模仿其在如此如此之情境下的所爲，這屬「行

效篇〉對「儒」之分類，止於「大儒」；其上不再有其他之「儒」。這表示「大儒」已達修養最高境界。〈勸學〉云：「…故學至乎禮而止矣。夫是之謂道德至極。」另〈儒效篇〉云：「…**學至於行之而止矣。**」「學」之最終目的，依吾人所知，乃是成爲「聖人」。依之，這修養的最高境界，即「大儒」，對荀子來說，就是「聖人」。

24　參見拙著〈由「聖人」看荀子的「知禮義」與「虛壹靜」〉，《當代儒學研究》11 期，（2011 年 12 月），頁 47-76。

25　參見〈性惡篇〉與〈解蔽篇〉。

而不知其所以然」）而把握得其行之方、之理（即由「行」而得「知」其處事之方而知其所依之理據、之所以然）。[26]這是透過「仿效聖人之所行所為」而「知」聖人行事之所稟持的理據。（此即「由行而知」）〈勸學篇〉云：「學莫便乎近其人」、「學之經莫速乎好其人」，就是就此而言。其用意與必要性在於：知「禮之本」或「統類」並不表示就知道在現實中如何運用；要學到、抓到實際運用之訣竅，最便捷有效的方法就是：親近聖人而模仿其作為，由之以把握到為人處事之訣竅。這就是「為其人以處之」。荀子在〈解蔽篇〉表示，在知禮法、知得統類之後，還需「務象效其人〔聖人〕」。[27]這就表示在「思索以通之」之後，還需「為其人以處之」，故將之列為學的第二個步驟。

之後，荀子提到為學所當作的是：「除其害以持養之」，也就是要袪除會影響我們持養我們所學的因素，因如此才能一切都依所學的禮法而行。會阻礙人依禮法而行的，由前引第二段引文的下文來看，[28]乃有兩方面：一是作為「天君」的「心」「為物所傾

---

26 見李滌生與郭嵩燾之解，《荀子集釋》頁 20 註解 4。

27 〈解蔽篇〉：「故學者以聖王為師……法其法以求其統類，以務象效其人。」

28 「除其害以持養之」之下文為：「使目非是無欲見也，使耳非是無欲聞也，使口非是無欲言也，使心非是無欲慮也。及至其致好之也，目好之五色，耳好之五聲，口好之五味，心利之有天下。是故權利不能傾也，群眾不能移也，天下不能蕩也。」前半部表示的是：凡不合禮者，讓「天官」（耳目鼻口等感性官能）不欲之，（依〈性惡篇〉，此乃「以禮化『性惡』之『性』」的結果）也讓「心」不欲思之。（「是」或「非是」，依〈解蔽篇〉，乃出自「心」依其所知之禮法來判定：「故心不可以不知道；心不知道，則不可道而可非道……曰：心知道然後可道…。」）後半部則強調，

側」[29]，另一則是人順「性惡」之「性」而行。依荀子，人生而有的好利、疾惡（嫉害憎惡）、好聲色等自然情欲，順之而無節就會悖反於禮流於惡，故曰「性惡」。[30]「性惡」會影響人依禮法而行。因此，要依禮法而行就必須祛除此害。祛除的方式，依〈性惡篇〉，就是從「師法之化，禮義之道〔案：同「導」字〕」（〈性惡篇〉），也就是從師而學、學得以禮義／法來矯飾、導正有「惡之傾向」「性」，即「性惡」之「性」。[31]這是「除其害以持養之」方面所必須要作的。

　　另個需作的工作就是作「虛壹靜」的工夫。依〈解蔽篇〉，「人

　　不要讓作為「天君」的「心」「為物傾側」（天官、天君二詞見〈天論篇〉；後半之意可參見〈解蔽篇〉──見下註）。

29　〈解蔽篇〉：「故人心譬如槃水……心亦如是矣。故導之以理，養之以清，**物莫之傾**，則足以定是非決嫌疑矣。**小物引之，則其正外易，其心內傾**，則不足以決庶〔案：依盧文弨當為「麤」字，通作「粗」矣。〕理矣。」此段文字，學者大多專注在「心知之蔽」來言，而忽略「物莫之傾」、「小物引之」、「其心內傾」等所涵的「心志」、「心向」方面，也就是作為「天君」的「心」是否能恰如其份地發揮其「出令而無所受令」之「自主」、「自使」、「自決」等（〈天論篇〉）作用，如受外物影響，心好利而影響其「自主自決」等，也就是讓其「天官」之身份影響到「天君」之身份、作為。〈天論篇〉：「心者，形之君也，而神明之主也，出令而無所受令。自禁也，自使也，自奪也，自取也」，自行也，自止也。故口可劫而使墨云，形可劫而使詘申，心不可劫而使易意，是之則受，非之則辭。故曰：『心容──其擇也無禁，必自現，其物也雜博，其情之至也不貳。』」

30　有關這部分之論點，請參閱拙著《孟荀道德實踐理論之研究》（臺北：文津出版社，1988 年）。

31　同前註。

心如槃水」[32]，會受內、外種種因素的影響而有蔽、不清明，致不能發揮其心應有的功能。但荀子認為人只要作「虛壹靜」的工夫，他的心就可以無蔽而達到「大清明」。[33]**關於荀子的「虛壹靜」，一般都只由「知」方面來了解，而忽略了它對作為「天君」之「心」在「依禮義來化性」方面的影響。**依〈解蔽篇〉，心若混濁、有蔽，它不只不能如實地認知事物，還含決判是非對錯、自定行止等（即「心」之「天君」功能作用）也會出現問題。[34]心清明，則不只「知」方面，同時在決判行止方面，蔽病也可袪除或就沒有了。依之，只要作「虛壹靜」的工夫，心「為物所傾側」而所慮、所判非是，致人無法依禮義而行的因素就可被排除掉了。若作「虛壹靜」的工夫，如前言，屬為學之第二步驟，那表示這方面的阻礙在第二步驟就可以被排除掉了。

　　若此，那為學的第四個步驟，即「除其害以持養之」，所要做的其實就只有：遵師法、依禮義來化性，以使人能不受「性惡」之影響而不行禮義或悖反禮義。

　　在「性惡」之「害」袪除後，依道理講，就沒有阻礙人依禮法而行的因素了，但這終究是消極的。對荀子而言，如前所言，若要達到「為學的最終目的——成聖」，那人就要積極的、不斷地依禮

32　同前註。

33　〈解蔽篇〉：「凡人之患，蔽於一曲，而闇於大理。」又言：「聖人知心術之患，見蔽塞之禍，故無欲、無惡、無始、無終、無近、無遠、無博、無淺、無古、無今，兼陳萬物而中縣衡焉。是故眾異不得相蔽以亂其倫也。」另，「人何以知道〔禮義〕？曰：心。心何以知？曰：虛壹而靜。」

34　同前註。

義而行，而致所行所爲全依禮法之「全盡禮法」、「一仁義」之地步。這表示爲學最後還有一步驟或一件事當作，那就是「全盡禮義」。若此，那就「爲學的最終目的」在「成聖」來說，「聖人」由是「行」來規定的。

綜上了解，爲學其實並不像前引第二段引文所提的，只有四個步驟，而應是有五個步驟。它們是：一、誦數以貫之；二、思索以通之；三、爲其人以處之；四、除其害以持養之；五、全依禮法以行之。

以下將由「爲學的最終目的」——「成聖」之「聖人」來進一步作探討、了解。

三、聖人

關於「聖人」，如前言，於荀子似由「行」也由「知」來規定。以下將分由「行」與「知」兩方面來了解荀子的「聖人」，之後再嘗試化解其看似矛盾之處。而荀子「知通統類」的意涵與成聖之「知」與「行」的關係就是化解此中矛盾的關鍵。

一、由「行」來規定

1. 〈儒效篇〉：「**積善而全盡謂之聖人。**」
2. 〈勸學篇〉：「**君子博學而日參省乎己，則知明而行無過矣。**」
3. 〈儒效篇〉：「**不聞不若聞之，聞之不若見之，見之不若**

知之，知之不若行之。**學至於行之而止矣。**行之，明也；明
之為聖人。**聖人者，本仁義，當是非，齊言行，不失豪釐，
無他道焉，已乎行之矣。」**

4.〈脩身篇〉：「好法而行，士也；篤志而體，君子也；齊
〔齋〕明而不竭，**聖人也……依乎法而又深乎其類……。」**

5.〈儒效篇〉：「法後王，一制度，隆禮義而殺詩書，其言
行已有大法矣，然而明不能齊〔濟〕法教之所不及、聞見之
所未至，則知不能類也……是雅儒者也……卒〔猝〕**然起一
方，則舉統類而應之，無所儗作；張法而度之，則晻然若合
符節，是大儒者也。」**

6.〈君道篇〉：「古者先王審禮以方皇周浹於天下，**動無不
當。**故君子敬而不難 ……**並遇變態而不窮，審之禮也。**故
君子之於禮……**其應變故也，齊給便捷而不惑……明達用天
地理萬變而不疑……仁智之極也。夫是之謂聖人；審之禮也。」**

由引文中用粗黑體標示出來的文字來看，荀子是就「行」來規定聖
人的。「積善而全盡」就如「積土而為山」、「積水而為海」等（見
〈儒效篇〉第一段引文之前所言與〈勸學篇〉及〈性惡篇〉[35]），

---

35 〈勸學篇〉：「積土成山，風雨興焉；積水成淵，蛟龍生焉；積善成德，
而神明自得，聖心備焉。故不積蹞步，無以致千里；不積小流，無以成江
海。騏驥一躍，不能十步；駑馬十駕，功在不舍。鍥而舍之，朽木不折；
鍥而不舍，金石可鏤。」〈性惡篇〉：「今使塗之人伏術為學，專心一志，
思索孰察，加日縣久，積善而不息，則通於神明，參於天地矣。故聖人者，
人之所以積而致矣。」

表示不斷地行善、累積善行到所作所爲全都是善，就是聖人了。就荀子來說，必須依禮義法而行，才能成就善。[36]依之，此處以「全盡善者爲聖人」實同於〈勸學篇〉「百發失一」一段所表示的：善學者乃「全之盡之」者——全盡禮義——所作所爲全依禮義（法）而行者即爲聖人。若此，則上引的第二、三段引文中「行無過」、「聖人…已乎行之矣」的「行」，就都是就聖人之能「全盡禮義」而言。

第四段的「依乎法而又深乎其類」和第五引文的「舉統類而應之」，雖都就「法」、「類」或「統類」來說「聖人」，但主要還是落在「行」上說：表示聖人**應事**依法、類或統類而**行**。也因此，才會如第六段引文所說的，能「方皇周浹於天下，動無不當」、「並遇變態而不窮」，也就是才能無論何時何地碰到任何事（含突發之奇變怪異之事）都能「**舉措應變皆得其宜**」。至於聖人之所以能「舉措應變盡得其宜」，當然是因「知明」、能「依乎法而又深乎其類」、能「舉統類以應事」之故，也就是第六段引文最後所說的，乃因「審之禮也」（「審」乃審究、深察之意）之故，同時就是下文將討論的「知通統類」或「條貫」或「道貫」之故。這也就是說，人若能「知明」、能把握到「統類」或「條貫」／「道貫」、能「審之禮」（此「禮」之意特殊，詳見下文），那就能「舉措應變盡得其宜」而爲「聖人」。依之，**人之成聖是「由知而行」**；「聖人」是由「行」來規定。

綜上，由「爲學的最終目的」在「成聖」來看，那「爲學的最

36　參見〈性惡篇〉有關「性惡善僞」之論證。同註30。

後一步驟」就應為在「行」之事——「全盡禮義」。

但若由另幾則話來看，則就不是如此。

二、由「知」來規定

7.〈儒效篇〉：「不聞不若聞之……學至於行之而止矣。**行之，明也；明之，為聖人……。**」

8.〈脩身篇〉：「好法而行，士也；篤志而體，君子也；**齊〔齋〕明而不竭，聖人也……依乎法而又深乎其類……**。」

9.〈儒效篇〉：「我欲賤而貴……可乎？曰：其唯學乎。彼學者，行之，曰士也。敦慕焉，君子也。**知之，聖人也。**」

10.〈儒效篇〉：「法後王，一制度，隆禮義而殺詩書，其言行已有大法矣，然而**明不能齊〔濟〕法教之所不及、聞見之所未至，則知不能類也**……是雅儒者也……**卒〔猝〕然起一方，則舉統類而應之，無所儗㤭；張法而度之，則晻然若合符節，是大儒者也。**」

11.〈儒效篇〉：「志安公，行安脩，**知通統類**，如是則可謂**大儒**矣。」

12.〈解蔽篇〉：「故學者以聖王為師……**法其法以求其統類，以務象效其人。**」

13.〈君道篇〉：「古者先王審禮以方皇周浹於天下，動無不當。故君子……**並遇變態而不窮，審之禮也。故君子之於禮……齊給便捷而不惑……明達用天地理萬變而不疑……仁智之極也。夫是之謂聖人；審之禮也。**」

「明之，爲聖人」、「知之，聖人也」都明白地表示：人之所以爲
「聖人」是由「知」來規定。這裡，「明之」的「明」和「知之」
的「知」就同於〈修身篇〉「齋明而不竭」（第 8 引文）的「齋明」
（案：「齋」即「智慮敏捷」[37]——即〈君道篇〉「齋給便捷而不
惑」、〈儒效篇〉「知通統類」（第 11 引文）的「知通」（不只
「知」且「通」）、〈君道篇〉之「審之禮也」（第 13 引文）的
「審」（審究、深察）。要眞切地了解荀子在此所謂的「明之」（或
「明」）、「知之」（或「知」）的意思，[38]吾人有必要先確定聖
人所「明之」、「知之」的「之」是什麼。依第 11 段和第 13 段引
文，此「之」字指的就是「知通統類」的「統類」、「審之禮也」
的「禮」。

　　首先就「統類」來說。此「統類」就是〈解蔽篇〉所說的「故
學者以聖王爲師…法其法以求其統類」（第 12 引文）之「統類」，
也是第 10 引文說大儒是「舉統類而應之」的「統類」。依下文有
關「審之禮也」之「禮」的意指，荀子的「統類」當有別於「法」、
「類」。也就是聖人之「知通統類」不只是〈王制篇〉所說的「有
法者以法行，無法者以類舉」的「法」、「類」而已。「法」是明

37　參見李滌生《荀子集釋》頁 33 註 3。

38　龍宇純在〈荀卿子記餘〉（《中國文哲研究集刊》，15 期（1999 年 9 月），
　　頁 211）中對「知之，聖人也」一句的了解，在某意義上和筆者無異，惜
　　其爲有詳細的、立論有據的說明與簡別。

　　他的說法爲：「楊注云：『知之謂通於學也，於事皆通，則與聖人無以異。』
　　宇純案：下文云：『見之不若知之，知之不若行之，學至乎行而止矣。行
　　之，明也，明之爲聖人。』此文知之當作明之。蓋常語明之與知之同義，
　　因誤明之爲知之耳。楊氏曲說。」

文規定的「理」（如禮文法度），而「類」則是未明文記載的、不成文的「理」。[39]「類」主要用在未明文規定當如何處理的事上。當碰到這類未明文規定當如何處理的事時，就可或應參考之前類似的案例，了解其是如何被處理的以及之所以那樣處理之理據，（這理據就是「類」──當名詞用的「類」，如「統類」之「類」（第10、11和12引文）、「深乎其類」之「類」（第8引文））之後再依那理據來處理當前所碰到的案例，（此為「推類」作用──當動詞用的「類」，其意即為此，如「知不能類也」（第10引文）之「類」）也就是比照先前類似的事例來處理當前禮文或禮法未明文規定當如何處理的事件。這就是「明類」、「深乎其類」之「用」，也就是〈王制篇〉所說的：「有法者以法行，無法者以類舉」。但，法、類並不是事理的最後依據，不是眾理之理。〈勸學篇〉云：「禮者，法之大分，類之綱紀也。」「禮」是法、類所依之「理」、之根據、準則。作為法、類所依的「禮」，不是「誦讀」之〈禮〉，也不是「法、類」之「法」所指的「禮文制度」或明文記載的法規；它有其特殊的意指，即指「知通統類」的「統類」、「審之禮也」的「禮」。

　　「**審**之禮也」，用「審」字就清楚表示此「禮」不是為學第一個步驟「誦讀經典」所讀的〈禮〉，而是指能使先王聖人「方皇周浹於天下而動無不當」（第13引文）之「理」。這「理」，依〈王

39　李滌生《荀子集釋》，頁12註10。

制篇〉，就是「以一行萬」之「一」，[40]或〈非相篇〉「以一知萬」
之「一」。〈不苟篇〉云：「千萬人之情，一人之情也……推禮義
之統，分是非之分，總天下之要，四海之內若使一人。」此中的「禮
義之統」、「總天下之要」就是此「一」，也就是第 11 段引文中
「道者，體常而盡變」的「道」。「禮義之**統**」、「總天下之**要**」
就表示此「理」乃「**通貫、統攝**一切事理之理」，它是統「法」、
「類」之「理」，是「法」、「類」之所以爲「法」、「類」之「依
據」，也就是〈天論篇〉所稱的「理貫」、「貫」[41]或「條貫」，
即〈儒效篇〉「知通統類」之「統類」。

　　〈解蔽篇〉言：「夫道者，**體常而盡變**，一隅不足以舉之。曲
知之人，觀於道之一隅而未之能識也。」「道」即禮或禮義、禮法
（此三者於荀子乃通用）。[42]「體常」言「禮之體」乃經常不變，
是「法」、「類」的最終依據。「盡變」指依「禮之體」就能盡萬
事萬物之變而不窮。這表示：對萬事萬物，只要把握到「禮之體」，
就都可予以恰當的應對。[43]「禮體」之「用」不限於某方面，乃可

40　〈王制篇〉：「以類行雜，以一行萬。始則終，終則始，若環之無端也，
　　舍是而天下以衰矣。……禮義者，治之始也；君子者，禮義之始也。為之，
　　貫之，積重之，致好之者，君子之始也。……始則終，終則始，與天地同
　　理，與萬世同久，夫是之謂大本。」

41　〈天論篇〉云：「一廢一起，應之以貫，理貫不亂。不知貫，不知應變」。

42　〈儒效篇〉：「道者，非天之道，非地之道，人之所以道也，君子之所道
　　也。」此處所言的「道」即〈儒效篇〉這裡所說的「道」。

43　在荀子，這句話不能理解為「形上的道體」相應萬物之變而呈顯種種理。
　　理由有二：一是依〈天論篇〉、〈儒效篇〉，荀子的「道」指「人道」，

用在**萬事萬物之變**中：是全面而無限的。所以執著於某角度或某一面相來了解的人（「一曲之人蔽於」）是無法「盡知禮」而把握到「禮之全」，也就是不能如實地把握到「通貫、統攝一切理之理」、「法類之依據」。所以〈解蔽篇〉一開始就說：「凡人之患，蔽于一曲而闇於大理。」禮義被制定出來之後的聖人[44]已作過「虛壹靜」的工夫，心無一曲之蔽，[45]因此是能知「大理」者，即能「通知」「禮之大全」、能把握到「禮之體」者，也就是能「通倫類」、「知通統類」者。[46]

　　依之，聖人所知的，不只是某方面的「理」；他所把握到的乃是通貫、統攝各方面之理的理，是依之就能應萬事萬物之變的理。要能把握到如此的理，一方面必須不能只見到／只認識到某一事理或某方面之理而為其所矇蔽，致無法見到其他的理；另方面也不能為萬事萬物之雜與其理之異所紛擾，致不能予以深究、審察，進而通貫之而把握到通貫、統攝這種種理之理，即統類、條／道貫。如此，要達到聖人之「知禮」或「審之禮」或「得道貫」的程度，人所需的不會只是「知」而已；還必須要能深究、審察、思索貫通（即為學之第 2 步驟）。這當然不是一般意義的「知」，而是有所知後

　　無形上義；二是荀子的「人道」即「禮法」，乃出於聖王製作。見〈性惡篇〉。

44　於荀子，聖人分「生起禮義」的聖人及「有禮義之後」依禮義來「化性起偽」而成就的聖人。見〈性惡篇〉。

45　同前註30。

46　所以〈性惡篇〉言：「有聖人之知者……言之千舉萬變，其統類一也：是聖人之知也。」

再予以深究、審察及思索貫通的「知」與「明」，也就是「知通統類」之「知通」——其中含「綜觀、統攝之知」。[47]所以〈法行篇〉才會說：「禮者，眾人法而不知，**聖人法而知之**。」同樣依禮法而行，聖人之依禮法是「知其所以然」、「知通統類」、「審之禮」。如此意義的「知」、「明」，才是荀子說「明之，爲聖人」、「知之，聖人也」之「明」與「知」的意思——還含「思索、通貫、全盤把握而得其要」之意於其中，也就是把握到〈天論篇〉所謂的「道貫」之「知」。

　　順「明之，爲聖人」、「知之，聖人也」下來，「爲學的最後一步驟」當在「知通統類」，也就是「思索以通之」（此「之」指通貫、統攝一切事理之理，即「禮之體」或「統類」）。若此，那〈勸學篇〉所提及的爲學之步驟，第二步驟之後的步驟就都不需要了。果眞如此，那不但與荀子在〈勸學篇〉所說的有出入，也與荀子由「行」來規定聖人的論點相違。再者，由荀子「性惡善僞」的觀點與心、性有別，[48]及知、行之主體不同[49]來看，止於第二步驟無法「使人成聖」，而會出現前後不一致或矛盾的問題。以下即由成聖之「知」（禮）與「行」（禮）的關係來討論、解決這些問題以及決定「爲學的步驟當爲何？」

47　此處「知」與「明」及「知通」之詳意和它們與「知禮義」所需做的「虛壹靜」之功夫的關係，請參見拙著〈由「聖人」看荀子的「知禮義」與「虛壹靜」〉，《當代儒學研究》11 期，臺灣中央大學文學院，2011 年 12 月出刊。

48　同註 30。

49　同前註。

三、「知」與「行」在成聖上的關係

關於「成聖」時「知」與「行」的關係，前面得的結論是：「成聖」是「由知而行」的；也就是「先知後行」——先「知通」統類、得禮之所以為禮之根據，才能在「行」上不只「依禮義」而且知其所以然，進而「全盡禮義」而舉措應變皆得其宜。就此「先後的次序」來看，「為學」的「最後一步驟」是「行」，也就是一個人是否成聖是由「行」來看的。在此，「成聖」時「知」與「行」的關係只有一種，就是：「先知後行」。[50]判定一個人是否為聖人，在

50　不少學者認為荀子的「聖人」是「知行合一」的（有些進而依之認為荀子沒有本論文所試圖要解決的問題）。他們所說的「知行合一」的意思應就是筆者於此指出的「先知而後行」之意思。例如徐復觀先生由對〈解蔽篇〉中的「道心之微」所含之意的討論，指出聖人乃「知行合一」的。其云：「『道心之微』的微字，似乎含有兩層意思：一是因心知道以後，而心的認識能力，可以盡其精微。二是因認識之極盡其精微，而可以知行冥一，由知之精而同時即見行之效，有似於《中庸》所說的『從容中道，聖人也』的微妙境界。」（見徐復觀《中國人性論史・先秦篇》，臺北：臺灣商務印館，2003 年，頁 243。）此外，韋政通先生的觀點似亦含「荀子所言的『聖人』是『知行合一』的」一意思。荀子〈儒效篇〉云：「知之不若行之，學至於行之而止矣，行之明也，明之為聖人。」對此段話，他的解釋是：「於此，知通統類，是知，同時即是行，行不離知，知即在篤行中完成。『行之明也』，行之明，乃由理而明，由理而明，即由統類而明，明之為聖人，即知通統類為聖人。於此，知通統類之義，在本質上即與篤行有貫通性，荀子所言之大儒、聖人、聖王，皆為能篤行之人甚明。」參閱韋政通《荀子與古代哲學》（臺北：臺灣商務印書館，1992 年），頁 23。其他如惠吉星：《荀子與中國文化》（貴陽：貴州人民出版社，1996 年），頁 230-236；魏元珪：《荀子哲學思想》（臺北：谷風出版社，1987 年），

於看他最後是否「全盡禮義」。**這是「以『行』來規定聖人」**。若此，那表示「聖人不能以『知』或『只以知』來規定」，也就是要「成聖」不能只止於「知」（禮義）或「知通統類」。若如此，那荀子以「知通統類」者爲「大儒」或聖人，以及「以『知之』或『明之』者爲聖人」的觀點就不能成立；在此，明顯的，是矛盾或不一致。再者，若依荀子以下幾則話的意思來看，「成聖」時「知」與「行」的關係應當不是只有「由知而行」一種關係，且其「知」與「行」也不是單純的「知」或「行」。

> 1.〈儒效篇〉：「不聞不若聞之，聞之不若見之，見之不若知之，知之不若行之。**學至於行之而止矣。行之，明也；明之，為聖人。**聖人者，本仁義，當是非，齊言行，不失豪釐，無他道焉，已乎行之矣。」
>
> 2.〈法行篇〉：「禮者，眾人法而不知，聖人法而知之。」
>
> 3.〈君道篇〉：「古者先王審禮以方皇周浹於天下，動無不當。故君子……**並遇變態而不窮，審之禮也。故君子之於禮……齊給便捷而不惑……明達用天地理萬變而不疑……仁智之極也。夫是之謂聖人；審之禮也。**」

第一段引文中的「之」字，依李滌生和一些學者的看法，[51]乃指所

頁 179-182；孫偉：《重塑儒家之道：荀子思想再考察》（北京：人民出版社，2010），頁 84-89。

51　《荀子集釋》，頁 152-3，註解 1；此外尚有惠吉星、郭志坤、孫偉等人認為此段文中的「之」字所指為「禮義之知」，見前註。

學，即有關禮義／法之知。前半段乃吾人前面討論的結論：先知後行，學止於行，聖人由「行」來規定。結語「聖人者，本仁義，當是非，齊言行，不失豪釐，無他道焉，已乎行之矣。」基本上也是此意。但若此，「行之，明也；明之，為聖人」就說不通。若「行之，明也」如楊倞之注「行之則通明於事」，那「明之，為聖人」就表示「通明於事」即為「聖人」，也就是「聖人」由「知」來規定。依卜之了解，此顯非荀子之意。首先，依前之了解，荀子的聖人不那麼簡單，不只是「通明於事」，更重要的是「知通統類」、「知禮之體」、「把握到通貫、統攝一切事理（不是事或只是事理）之理」、「條／道貫」。若把楊倞的「通明於事」，解為「知通統類」、「知通貫、統攝一切事理之理」，[52]那「聖人」就是由「知」來規定的，結果將成此段文字前後之意不一致：時而由「行」、時而由「知」來說「聖」。

　　第三段引文說君子或聖人是「仁智之極」，表示聖人是「知」與「行」兩者之極：不是只是「知」也不是只是「行」。由此來看，說荀子的聖人乃「知行合一」並不錯，如某些學者主張，[53]但下文緊接著說「夫是之謂聖人。審之禮也。」這告訴我們：聖人之所以是聖人、之所以能明達用天地理萬物而不疑（即應萬物之便而盡得其宜），乃因「審之禮也」，即因其「知」（禮之體）之故。在此，較之於「行」，「知」扮演了更關鍵的角色，是其之所以能有如彼之行或表現的主因。「知行合一」一詞過於含糊，不只顯現不出、

52　廖名春、馬積高、郭志坤、孫偉等人也持此說，見註50。
53　同前註。

還淹沒了荀子在此所要強調的。[54]

其實，「行之，明也；明之，為聖人」可以有三種了解方法：一是把「行之，明也」了解為「如此行（即指依禮義而行）乃因明禮／所學之故」，此即前所言的「由知而行」。此種了解會碰到的困難如同上述。另種了解方式是：它表示人之所以「明禮」、「知通統類」乃因「行禮」之故；也就是透過實踐，在行中真正學得、把握到「禮之所以為禮的依據」，即「禮之體」、「道之貫」。若此，聖人之「知」、「明」是因行而有，是「**由行而知**」。若此，「知」為「為學的最後一步」而在此之前的「行」含「為其人以處之」（即「以聖王為師而象效其人」）和「除其害以持養之」（即化「性惡」之「性」）。若持這種解法，那「思索以通之」於「為學的次第」上可以有兩個排序和解讀。一是如荀子於〈勸學篇〉所列，為第二步驟，但此步驟只限於「智思」，即「知通統類」乃智思層上的，即所謂的「審之禮也」；此可稱之為**第一義之「知通統類」**，未及於「行」，（故不能視為是大儒或聖人的「知通統類」）因此還需第三步驟的「為其人以處之」和第四步驟的「除其害以持養之」，如此才是「**知通統類**」，這是第二義的「知通統類」——此義的「知通統類」乃「行而後知」。若由「知」來規定「聖人」，則「為學的步驟」只有荀子〈勸學篇〉所列的四個，並沒有「全盡禮義」或「積善而全盡」的第五個步驟。（若將之視為納於「為其人以處之」之內，則溢出「為其人以處之」之意——它不含也尚未

54 本文不以「知行合一」於此處說荀子所了解的「聖人」，另有一原因，見註8。

達「全盡禮義」的程度）。

　　如此能符合荀子〈勸學篇〉所示的「為學之四個具體的步驟」，也符合〈儒效篇〉「志安公，行安脩，知通統類，如是則可謂大儒矣」之意，但如此解則不合荀子「由『行』規定聖人」之論點。

　　但，若對「行之，明也」持另種解法，則會出現**第三義的「知通統類」**，與**第三種的「知行關係」**。這解法是：「行之，明也」表示能**舉**統類以**應萬變**（如「聖人」部分的第 4、5 及第 6 引文表示的）（即「行之」）就表示已「知通統類」、「知禮之體、道之貫」（明之）了，如此之人才是聖人，也就是〈法行篇〉所說的：「聖人法〔禮〕而知之」，〈王制篇〉說的「以類行雜，以一行萬」。它固然表示「能如此行乃因其知之故，是『知行合一』」，最終要能「行」；但細究荀子之意，在「行之，明也」之後再說「明之，為聖人」，明顯地在強調聖人的「行」有其特殊意義，而不可忽略、抹殺。這意義就是：其「行固然含知在內」（即依「知」而行），但更重要的是它還有另層的意思：透過「行」其「知」才被表現出來，透過其「行」，其所「知」才得以彰顯。這是「**攝知於行**」、「**以行著（明著、彰顯）知**」。[55]若此，「知通統類」的「知通」就不只是「智解」、「智思」上的意義，更重要的是它必須被表現於「行」中、還具有「實踐」的意義。換句話說，**必須「知統類（禮之體、道之貫）且以之來應變」才真是「知通統類」、才是「大儒」、「聖人」**。這是**第三義的「知通統類」**。如此了解，則在為學以成

55　在此，荀子一方面不失儒者之基本性格——重行，另方面又不失其學思特有的性格——重知。

聖的過程中，知與行的關係固然是一般學者瞭解的「先知而後行」，但，嚴格說，不僅只於此，而是：先「由知而行」，再而「由行著知」。前後兩「知」字的意思不同，後一「知」有「行」之具體的內容（「**舉統類以應之**」），所知的不再只是抽象的理則、道貫、禮體而已，而是透過「行」彰顯出來。此「知」有其特殊而豐富的意含，不是單純的「知」；「行」也一樣，有其特殊而豐富的意含，是「行而知其所以然」之「行」。

四、結論

依筆者的了解，如此解才是「聖人」之「知通統類」或「知禮」於荀子之眞義。〈解蔽篇〉云：「夫道者，體常而盡變」，表示「道」不只是「體常」，還「盡變」。要把「道」的「盡變之用」顯現出來，才算眞正把握到「道之所以爲道」，即「禮之所以爲禮」之意。第一、二義的「知通統類」都不合此段文字所表示的「道之所以爲道」之意：第一義未得「盡變」之意；第二義以「行而後知」來解，則未得荀子「法而知之」之意。

因此，荀子的「知通統類」之意當是：知統類（禮之體、道之貫）且以之來應變。如此，**知通統類」的「聖人」不只具「行」也具「知」，其「知」或「行」都有其特殊意涵：行依於知，知由行彰顯**。如此，由「行」或「知」來規定之，都沒錯，也不互相衝突。依此，於荀子，爲學的步驟不應只是〈勸學篇〉所表示的有四而應是五：

（一）誦讀貫串諸經典（含禮文制度）。

　　（二）思索貫通諸經典的道理並把握到通貫、統攝一切事理之理，即「禮之體」、「道之貫」（在此要除「心蔽」，作「虛壹靜」之工夫）（此二步驟屬知解、智思之事）。

　　（三）以聖王為師而學其依禮法、統類來應事，不停留於只是「知」而已。

　　（四）除掉了影響人依禮法而行之因素，依禮法來化「性惡」之「性」（發揮「虛壹靜」使「心」行「天君」之職務）。（此二者屬行之事）

　　（五）全盡禮義，即舉統類以應萬物萬事之變而盡得宜（「攝知於行」，「以行著知」）。

叁、由「聖人」看荀子的「知禮義」與「虛壹靜」

一、前言

　　有關「虛壹靜」與「知禮義」之關係，於荀子似乎不是個問題。因依〈解蔽篇〉，要知禮義就必需作「虛壹靜」的工夫；之所以如此是因負責「知禮義」的「心」有「蔽」。若其有蔽，就不能如實地把握到或盡知「理之全」，即「禮義之全」或「道之全」[1]。故必須作「虛壹靜」工夫以袪心蔽，人才能知禮義。[2]依之，二者的關係乃是：「虛壹靜」袪除心之蔽而使人能知禮義。

　　依此，在荀子，「虛壹靜」和「知禮義」的關係看似很清楚而不成問題。但是，若仔細察看〈解蔽篇〉提及二者關係的那段文字之內容，就會發現荀子對之只是原則的、籠統的說，缺乏具體而相應的說明。再者，如果注意到：荀子只有在涉及到「心何以知禮

1　參見李滌生《荀子集解》（臺北：臺灣學生書局，1979 年 2 月初版），頁 472 與頁 478 之註解。

2　同上，頁 484。

義？」[3]時才提到「虛壹靜」的必要性[4]，那其間的關係就不是沒有加以深入探討的必要了。

首先，在〈解蔽篇〉一開始，荀子就指出「心之知」有種種的「蔽」[5]，致使人無法去如實而不偏地認識事物或事理，那表示：就荀子來說，並不是只有認知禮義才需作虛壹靜的工夫，而認識其他的事物或事理就不需要。但，荀子卻只在「認知禮義」時提到與強調作「虛壹靜」工夫之必要。這表示，就荀子而言，「認知禮義」比認知其他事物、事理更需要「虛壹靜」的工夫，而且是「非作不可」的「必要」。爲何是如此呢？究竟它們兩者之間有何特殊的關係呢？本研究將針對這方面的問題來作探討。

這方面的問題關繫到「具體落實下來講（不是含糊、籠統地說），虛壹靜如何使人知禮義？」以及「虛壹靜」之特殊功能作用與荀子在此所謂的「知禮義」之特殊意指[6]，這些都關繫到：對荀子而言，認知禮義要認知到那程度才算是他所謂的「知道〔禮義〕」這些對中肯而眞切地了解荀子的「聖人」及聖人之「知禮義」的眞正而特殊的意思都是必要的。可惜的是，一般學者都未針對之作詳細而深入的探討。本研究希望能彌補這方面的遺憾。

前述的問題是相關連的，而解決這些問題的關鍵，依筆者前一

3　同上，頁484與見下引文。

4　同前註。

5　同前註，參見頁478與頁474。

6　不同於〈勸學篇〉：「爲學終乎讀禮」之「讀禮」的表面意思。參見筆者98年國科會研究計畫（NSC 98-2410-H-004-105）成果報告或見下文。

國科會補助[7]所作之研究的了解，乃在於荀子所了解的「為學之最終目的」，即「聖人」，以及聖人之所以為聖人之所據——其之知禮義的特殊意涵。關鍵點之所以在「聖人」，乃因「知禮義」的最終目的在「成聖」。這可以分由兩方面來說：一是荀子的「性惡善偽說」，另一是他的「勸學」。

　　如我們所知，在〈性惡篇〉，荀子不只論證「性惡」，[8]還論證「善偽」；[9]而且是論證「性惡」之同時，一定論證「善偽」。「性惡」是荀子學思的基礎。由此可知荀子對「善偽」之注重。在此，「偽」雖指後天經驗之人為努力」活動，但有其特殊之意指。從荀子的論證可以看出，「善偽」之「偽」指「從師法以化性」（化「性惡」之「性」）。[10]此中的「法」指「禮法」或「禮義文理」或「禮義」。[11]「從師而學」也就在「學得禮法」而依禮法而行。有禮法，才能以之為標準來化「性惡」之「性」而「成善」，進而「積善而全盡〔禮義〕」而「成聖」。[12]荀子主張「性惡」而仍為先秦三大儒之一，就在於他之重「禮義」和以「成聖」為人生的最高理想並認可「一般人也可以成為聖人」。[13]由此可以看出，在「性

7　同前註。

8　意指「順性而無節則流於惡」，詳見〈性惡篇〉。

9　意指「善乃出自人為之努力」，同前註。

10　〈性惡篇〉隨處可見此意，或參考拙著〈論荀子「性惡善偽」之意義〉，《中國文化月刊》，63 期，1985 年元月；收入《孟荀道德實踐理論之研究》，文津出版社，1988 年。

11　在荀子，這幾個詞是互相通用的。

12　〈儒效篇〉：「積善而全盡謂之聖人。」

13　見〈性惡篇〉「塗之人可以為禹」一段。

惡」的主張下，「有禮義」對他學思的重要性。依荀子的說法，禮義／法乃出自「聖人之僞」，[14]並非人所內在本有。人是透過「知」而有禮義的。[15]依荀子，「知」禮義就會認「可」禮義──認同禮義乃行爲活動之標準，進而以之來「化性」而「成善」。[16]能成善才能進一步「積善而全盡」而「成聖」。「知禮義」和「成聖」的關係由此可見：「知禮義」是人「成聖」的關鍵以及「知禮義」的最終目的乃在「成聖」。

　　荀子特重爲學，所以其書第一篇就是〈勸學篇〉。在那裏，他不厭其煩地詳述爲學的目的、步驟、途徑，並由各角度、舉各種例子來勸人爲學。爲學之所以重要，用荀子的話說，因「爲之，人也；舍之，禽獸也。」（〈勸學篇〉）即爲不爲學關繫到一個人是人或禽獸。爲學的初始目的在美身──美化自己的生命（透過道德實踐使自己的生命成爲有德的生命，即成個「人」），[17]最終目的則在

14　在〈性惡篇〉，荀子一再強調「凡禮義者，是生於聖人之僞，非故生於人之性」、「禮義法度者，聖人之所生也」等。此中之「生」非「創生」之意，乃出自聖王之「積思慮，習僞故」而有之「制作」、「編制」出禮之制度之意（詳見〈性惡篇〉論及聖人「積思慮，習僞故而生禮義、制法度」一段文字之意思）。

15　〈性惡篇〉：「性不知禮義，思慮而求知之也。」而〈正名篇〉云：「情然而心慮爲之擇謂之僞。」依之可知，人之「有禮義」是透過「心之知」。另見註2引自〈解蔽篇〉的一段話。

16　〈解蔽篇〉云：「心知道，然後可道；可道然後守道以禁非道」。

17　〈勸學篇〉云：「君子之學也，入乎耳，著乎心，布乎四體，形乎動靜；端而言，蝡而動，一可以爲法則。小人之學也，入乎耳…曷足以美七尺之軀哉？…君子之學也，以美其身；小人之學也，以爲禽犢。」

「成聖」。[18]美身、成聖的途徑，即爲學的途徑，依〈勸學篇〉，是「始乎誦經，終乎讀禮」；[19]依〈性惡篇〉則是「以禮義來化『性惡』之『性』而成善」、進而「積而致聖」。

　　「成爲聖人」是荀子「爲學」與「化性起僞」的最終目的，也是「知禮義」的終目的。荀子所了解的「聖人」是「知通統類」[20]、「全盡禮義」的；依筆者前一國科會補助的的研究之了解，[21]荀子所了解的「聖人」不只能「有法者以法行，無法者以類舉」（〈王制篇〉）還能「方皇周浹於天下，動無不當」（〈君道篇〉）、「遇變態而不窮……其應變故也，齊給便捷而不惑……明達用天地理萬變而不疑……」。用現代的話來說，就是無論碰到什麼事，即使是非常罕見怪異、棘手的事，也都能當下就毫無猶疑的知道當如何做而「舉措應變，盡得其宜」。之所以能如此，依荀子，乃因「知通統類」、「審之禮」（〈君道篇〉）的原故。而在〈勸學篇〉與〈禮論篇〉，荀子說：「禮者，法之大分，類之綱紀也。」依之，也就是因「知禮義」的原故。

　　既此，以「成聖」爲目標的「知禮義」、是「成聖」之關鍵的「知禮義」，在荀子，就不會只是知道或研讀禮法或禮文制度而已

18　〈勸學篇〉：「…其〔學〕義…則終乎爲聖人。」

19　誦讀的「經」爲《詩》、《書》、《禮》、《樂》等經典；下文「終乎讀禮」的「禮」則不指誦讀的《禮》，乃指「法之大分，類之綱紀」（〈勸學篇〉語）的「禮」。

20　見〈儒效篇〉。

21　同註6。

（一般學者所了解的「讀禮」之意）[22]，而是有它更深層之意涵或意指的。

　　以下將先就荀子所了解的「聖人」及聖人「所知的禮義」及聖人「知禮義」之「知」的意涵來作了解，由之得以確定：就荀子來說，認知禮義必須認知到那程度才算真正認知了禮義？而後再循序探討其他的兩個問題。這部份基本上乃承自國科會前一年的研究成果而來[23]。

二、「聖人」及其之「知禮義」

一、聖人及其所知的「禮義」

　　1.〈勸學篇〉：「禮者，法之大分，類之綱紀也。」

　　2.〈法行篇〉：「禮者，眾人法而不知，聖人法而知之。」

　　3.〈脩身篇〉：「好法而行，士也；篤志而體，君子也；齊〔齋〕明而不竭，聖人也……依乎法而又深乎其類……。」

　　4.〈儒效篇〉：「法後王，一制度，隆禮義而殺詩書，其言行已有大法矣，然而明不能齊〔濟〕法教之所不及、聞見之所未至，則知不能類也……是雅儒者也……卒〔猝〕然起一

22　如李滌生（見其《荀子集釋》，頁 11，註釋 2），王忠林（《荀子讀本》，臺北：三民書局，2009 年，頁 8），楊倞之注等，另如蔣南華等之《荀子》（臺北：臺灣書房，2007 年，頁 10 之譯）也持類似觀點。

23　同註 21。

方，則舉統類而應之，無所儗怍；張法而度之，則晻然若合符節，是**大儒者也**。」

5.〈儒效篇〉：「志安公，行安脩，**知通統類**，如是則可謂大儒矣。」

6.〈解蔽篇〉：「故**學者以聖王為師**……**法其法以求其統類，以務象效其人**。」

7.〈王制篇〉：「……**有法者以法行，無法者以類舉**……。」

8.〈王制篇〉：「以類行雜，以一行萬。始則終，終則始，若環之無端也，舍是而天下以衰矣。……禮義者，治之始也；君子者，禮義之始也。為之，貫之，積重之，致好之者，君子之始也。……始則終，終則始，與天地同理，與萬世同久，夫是之謂大本。」

9.〈儒效篇〉：「法後王，一制度，隆禮義而殺詩書，其言行已有大法矣，然而**明不能齊〔濟〕法教之所不及、聞見之所未至，則知不能類也**……是雅儒者也。法先王，統禮義，一制度，以淺持博，以古持今，以一持萬，苟仁義之類也，雖在鳥獸之中，若別白黑；倚物怪變，所未嘗聞也，所未嘗見也，**卒〔猝〕然起一方，則舉統類而應之**，無所儗怍；張法而度之，則晻然若合符節，是**大儒者也**。」

10.〈君道篇〉：「古者先王審禮以方皇周浹於天下，動無不當。故君子敬而不難……**並遇變態而不窮，審之禮也**。故君子之於禮……**其應變故也，齊給便捷而不惑**……明達用天地理萬變而不疑……仁智之極也。**夫是之謂聖人；審之禮也**。」

11.〈解蔽篇〉：「夫道者，體常而盡變，一隅不足以舉之。

曲知之人，觀於道之一隅而未之能識也。」

依第二句引文，聖人和一般人的不同在於：一般人依禮法而行，卻
不知其所以然，但聖人之依禮法而行是知其所以然的。所以第三句
引文說聖人是「齋明」、是「依乎法而又深乎其類」。「齋明」指
其智慮明達，也就是所謂的「知明」（〈勸學篇〉），了解為何要
依禮法而行，以及為何於此情境下，禮法之規定是如此等等。這是
就「依禮法而行」來說。但，聖人之「明」，就荀子來說，並不只
限於明「法」。「法」，指的是明文記載的成文之理，即法規、條
例；「類」則是沒有明文記載的不成文之理。[24]它雖不成文，卻存
於同類的事物中，可透過了解、推理、類比而用之。如碰到未明文
規定當如何處理的事，可經了解而參考之前類似的案例、知道其是
如何被處理的以及之所以那樣處理之理據，之後依其同而比照辦
理。此即「明類」、「深乎其類」之用。法、類都是「理」，二者
的分別在於一為成文的，即明文記載的，另一為不成文、未明文記
載、規定的。聖人「智慮」之「明」不限於「知」成文之禮法，還
及於且深入「法教之所不及」的「類」（引文4；甚而是「統類」一
詳見下文），也就是第七句引文〈王制篇〉說的：「有法者以法行，
無法者以類舉」。這是依第二句引文來了解的聖人與士、君子之別。
若依其他引文，則不只如此，而是更進一步的，聖人之「齋明」使
他無論碰到任何事故，皆能毫不遲疑的「舉**統**類」以應之。

　　法、類是吾人應事應物所依之理。但，就荀子來說，它們並不

24　參見李滌生《荀子集釋》，頁12註10。

是事理的最後根據。依「禮者，法之大分，類之綱紀也」，「禮」才是法、類的根據、準則，也就是法、類所依之「理」。此「禮」字有其特殊意指。

依第九、十引文，如前提及的，荀子所了解的聖人是隨時隨地、不管碰到什麼事情（即使是突發的怪異之變），都能當下知道該如何應對，也都能當下就應對得宜，沒有窮於應對、不知所措的情形。之所以如此，依第十段引文，乃是「審之禮也」之故；依第九和四及五引文，則是因「知通統類」之故。在此，「知通統類」就是得第八段引文中「以一行萬」或〈非相篇〉「以一知萬」之「一」。〈不苟篇〉云：「千萬人之情，一人之情也……推禮義之統，分是非之分，總天下之要，四海之內若使一人」，此中的「禮義之統」、「總天下之要」就是此「一」，也就是第十一段引文中「道者，體常而盡變」的「道」。

「審之禮也」、「知通統類」可以使聖人舉措應變盡得其宜，可以「以一行萬」，原因當然和他所審深察、明究的「禮」、所「知通」的「統類」有密切的關係。古者先王、聖人所審的「禮」，依〈儒效篇〉來說，就是「人之所以道」、「君子之所道」的「道」。[25]而此道，〈天論篇〉稱之為「道貫」或「貫」。之所以稱之為「道貫」或「貫」就在於它通貫於應萬變的諸理中而不變，也就是它就是通貫、統攝一切應變之理的理。〈解蔽篇〉說它是「體常而盡變」——能盡萬事萬物之變而不窮（因而呈顯為雜多），但其體，即其本身，則是經常不變的，是「一」。此道，此體或此意之禮（或言「禮之

---

25 見〈天論篇〉。

體」）是應事應變所本之衆理之貫、之所本，所以得之就知應變；不得，就不知應變。因之〈天論篇〉云：「一廢一起，應之以貫，理貫不亂。不知貫，不知應變」。

由之，我們可以知道，聖人所依以能「舉措應變盡得其宜」的「禮」，指的不只是典章法度的禮文與法、類，更重要的是通貫它們、統攝它們之理，故亦常稱之爲「統類」（不是「法類」）。這表示聖人所審查知通的「禮」，所「知通統類」，是通貫、統攝一切應變之理的理，即「禮之體」、「道之體」，並不只是成文的禮文與不成文的類（衆多應變之理）而已；此即荀書中第三義的「禮」。

依之，若由「知禮義」的「最終目的」在「成聖」來看，對荀子而言，「知禮義」必須要能把握到第三義的「禮」。

二、聖人「知」禮義之「知」的意涵

接著，我們針對聖人「知禮義」之「知」的特殊意涵來加以了解。這對了解「虛壹靜」與「知禮義」之具體關係非常關鍵。

（一）就「法」而言

依荀子所了解的「聖人」及聖人所知的禮義來看，荀子所了解的「知禮義」之「知」並不只是我們一般所謂的「認知」或「知道」的意思而已。一般所謂的「認知」雖有層級、深淺之別，如我們說「我認識甲」或「我知道甲」，可以只是「聽說過」，或表面地知道一些有關他的事；也可以表示對之有「深入的了解」，了解甲是個怎樣的人，在何情境、對何種事物會有怎樣的反應、爲何會如此等等。基本上，這兩層的意思都含在荀子「知禮義」之「知」裡。「知禮義」，由前節可以看出，所要知的，不只是明文條列出來的

禮文制度（也就是荀子所謂的「法」），還要知「法之所以然」，即前引自〈法行篇〉的「聖人法而知之」的「知之」之意——知所依之法之「所以然」、之「理據」。這表示此「知」乃深入、穿透所依之禮文規章的表面去把握到其所以然。在此，它可以只是了解到個別法規之所以然，不一定含掌握到「通貫統攝一切理之理」。後一義於「知通統類」處較顯而確定。見下文討論。

（二）就「類」而言

依前之了解，吾人知道，荀子所謂的「知禮義」並不只指成文之禮文，還含不成文、未明文規定的「類」。此則屬另種「知」，不同於前一種。

未明文規定的法（即「類」）主要用在明文記載的禮文所未交待何類事物、何種情形當如何應對、處理的情況。碰到此類情況，當先了解之前（尤其先聖先王或聖賢）有無類似的案例（在此當需先對個案有所知），若有，則了解類似的案例情況是如何被處理的，而後再比照辦理。[26]在此，就「知」而言，必須先了解、知道目前所面對的問題或情況，而後尋找是否有類似的先例。必須有類似的先例，此「知類」及其目的（舉類而應之）才有可能。於此，對目前情況與先例之了解，是針對個別案例作認知、了解，屬於前一種意義的「知」。但這類的「知」比前一種多了以下幾種的功能：

26　此即一般學者如曾春海（〈墨學與荀學中的知識原理與方法〉，《哲學與文化》，第 31 卷第 7 期，2004 年 7 月，頁 72。）所言的「依類推度」的「知識類推方法」或如陳平坤（〈荀子「類」觀念及其通類之道〉，《臺大哲學論評》第 31 期，頁 112）所說的「類比推衍」，或張曉光（〈荀子推類思想探析〉，《邏輯學研究》，2009 年第 3 期，頁 76-87）所謂的「推類」。

1. 首先，在分別認知、了解二個個案之後，要能找到彼此有相關，即在個別具體之「異中得其同」，[27]此中有了解與抽象（抽出其相同點）及歸併（依其同而將之歸納爲同一類）的作用。

2. 其次，針對先例，除知道先聖先王或前人是如何處理的之外，要能「知類」（類者，理也——見前文），就必須要能由中把握到其所以如此處理的依據，即其「所以然」之「理」。此中所涉及的不只是了解經驗現象中的案例是如何如何（此中有雜多事象或呈現），還要能不爲經驗現象或案例之事相／象給干擾，深入其中了解、分析而得其處理之要、之依據或依據之理。不得其要，就不知類。所以這一步由具體紛雜的經驗現象中「得其處理之要」是非常重要的。此中需要的，不只是了解與分析的作用，更重要的是「擇得其要」而抽取之——此中涉及「辨」（同異、本末、輕重等）與「抽象」作用。

3. 之後，依 1.的了解，將之「推理」運用到所面對的、待處理的事件上——這是「知類」的目的。若由聖人之「知」的意涵來說，則此第 3 的「推理運用」，也就是「舉類而應之」，也當含於荀子「知類」之意中。

（三）就「知通統類」而言

依前之了解，荀子「知禮義」的最終目的在成爲聖人。若此，其所謂的「知禮義」其實就是〈儒效篇〉的「知通統類」、〈解蔽

27　因此曾春海教授曾由「共各」、「別各」等來論之。同前註。

篇〉的「求其統類」、〈君道篇〉的「審之禮也」，及〈天論篇〉
的「知貫」、得「道貫」，也就是把握到「體常而盡變」的「道」
（〈解蔽篇〉）。這些顯現了荀子「知禮義」之「知」含以下的意
思：諸理（含法與類——爲應萬事萬變之理）雖多且雜與，但人之
「知」的功能仍能全盤地了解它們之後[28]通貫它們而把握得其條
貫。這表示：此「知」乃不爲事理之雜異或博多給影響、干擾；理
雖博異、雜多，能不排斥地統而知之，且把握到通貫於它們之間、
能統攝它們而爲一之理。這乃綜合了了解、辨同異、綜合吸收、通
貫、抽象等等的「知」之作用於內之綜觀與統攝的作用。

　　（四）攝知於行

　　最後，就荀子所了解的「聖人」乃「攝知於行」、「以行著知」
來了解。依據吾人的了解，荀子有時以「行」來規定「聖人」，如
言「積善而全盡謂之聖人」（〈儒效篇〉），有時以「知」來規定
「聖人」，如「行之，曰士也……知之，聖人也」（〈儒效篇〉）。
但依據筆者前此之研究，[29]二者並不衝突，荀子在此也無「不一致」
的問題。之所以如此乃在於荀子之聖人乃「攝知於行」、「以行著
知」的。最明顯的文本依據是：

　　1.〈儒效篇〉：「不聞不若聞之，聞之不若見之……學至於
　　　行之而止矣。行之，明也，明之爲聖人。」
　　2.〈君道篇〉：「古者先王審禮以方皇周浹於天下，動無不

28　〈解蔽篇〉：「道者體常而盡變，一隅不足以舉之…」
29　同註6。

　　當也。故君子恭而不難……並遇變態而不窮，審之禮也。故
　　君子之於禮……其應變故也，齊給便捷而不惑……明達用天
　　地理萬變而不疑……仁智之極也。夫是之謂聖人審之禮也。」

第二段引文告訴我們，聖人是「仁智之極」，能應萬變而不窮於應
付。這乃因「審之禮」之故。深察、明究「禮」讓聖人可以如此，
這也表示：就在聖人的應萬變而不疑、不窮中，他表現了他的「審
之禮」；他的「行」印證、彰顯了他的「知」。故第一段引文說：
「行之，明也，明之為聖人」。依前句，「學至於行之而止矣」，
聖人是「行」規定的。因依〈勸學篇〉，為學的最終目的在「成聖」。
此處說「行之，明也」的「行之」指的就是「舉統類以應萬變」之
「行」；「行之」之「之」即指統類。此「行」同時也是第二段引
文所表示的，依聖人所深查明究的禮而有的行，〈修身篇〉「齊〔齋〕
明而不竭，聖人也」之「不竭」──應物變而不窮之行，〈儒效篇〉
「舉統類而應之」的「應之」之「行」，〈王制篇〉「以類行雜，
以一行萬」的本於所知通的統類或禮之體來應萬事萬物之行止。所
以，「行之，明也」表示能舉統類以應萬變（即行之）就表示「知
通統類」、「知禮之體，道之體」（明之）了。如此才是聖人，故
言「明之為聖人」。這是「攝知於行」、「以行著知」。若如此了
解，則「知禮義」或「知通統類」之「知」，不只是「純粹的認知」
活動，如前三項之「知禮義」之「知」的意涵。此「知」尚有一特
殊的涵義，即將心所知者歸攝於「行」中，歸攝於依其所知而活動
之「行」中；也就是心之所知是透過如此的「行」或「實踐的活動」
而彰顯出來的。

　　最後一義的「知」一向爲學者所忽略[30]。它關繫到「虛壹靜」以及其與「知禮義」之「知」與「實踐」相關之意義。「虛壹靜」於「實踐方面」的作用與意義也因此被忽略了。以下透過解析荀子「虛壹靜」之意思及論析其與「知禮義」的關係，將把這層意思鋪陳開來，希望多少彌補這方面的缺憾。

三、「虛」、「壹」、「靜」
之意指與其功用

　　於〈解蔽篇〉一開始，荀子就說：「凡人之患，蔽於一曲而闇於大理」，表示爲一隅之見所蔽的人無法明見大道之全。因之，要把握到整全的「道」（此處的大理即大道、至道；於荀子，則指禮或禮義），也就是要如實地把握到「體常而盡變」、「綜攝、通貫衆理」的「道」或理，心或人就不能執著於成見或只由一角度、一面相來看事物知事理。所以，之後荀子有段話說：

30　不少學者注意到荀子的「心」不只有「認知」的功能，也有實踐的——稱之爲「道德心」或類似名稱，如韋政通（《荀子與古代哲學》，臺灣商務印書館，1992 年，頁 40、48），唐端正（〈荀學價值根源問題探討〉，《新亞學報》第 15 卷，頁 239-252），劉又銘（〈從「蘊謂」論荀子哲學潛在的性善觀〉，《孔學與二十一世紀國際學術研討會議論文集》，臺灣：政治大學文學院編印，2001 年 10 月 27 日），鮑國順（〈論荀子善從何來與價值根源問題〉，《孔孟學報》第 62 期，頁 257-267），但那都是就「心」而言，並不是就聖人之「知」或荀子之「知禮義」之「知」的意涵來說。

> 1.聖人知心術之患,見蔽塞之禍,故無欲無惡,無始無終,
> 無近無遠,無博無淺,無古無今,兼陳萬物而中縣〔案:同
> 「懸」字〕衡焉。是故眾異不得相蔽以亂其倫也。(〈解
> 蔽篇〉)

心「蔽塞」則不能明通眾理,因此必須「去蔽塞之患」,才能如實
地知物識理。聖人袪除此心術之患的方法就是:無欲、無惡等,也
就是無欲、惡、遠、近等等的執著;不執著於一隅之見,才能通曉
明見其他眾理,各種不同的事物事理就不會因心之先知、先入為主
之見而相互為蔽,而亂及於對整全之大理之認知。[31]

此外,〈解蔽篇〉另有段話云:

> 2.故人心譬如槃水,正錯而勿動,則湛濁在下而清明在上,
> 則足以見鬚眉而察理矣。微風過之,湛濁動乎下,清明亂於
> 上,則不可以得大形之正也。心亦如是矣。故導之以理,養
> 之以清,物莫之傾,則足以定是非、決嫌疑矣。小物引之,
> 則其正外易,其心內傾,則不足以決庶〔當為「麤」,通作
> 「粗」[32]〕理矣。

這段話告訴我們,人心如同一盆雜有泥渣的水:若正置而不動,則
泥沙會往下沈澱而水面清澈明亮;如此,則即使如鬚眉或肌膚之理

31　參考李滌生註,見《荀子集釋》,頁482,註2。
32　參見盧文弨校改。

那麼精細者都可明見之。若微風吹動,則泥渣會隨水動而動,致水面混淆不清;若此,那就連很大件的東西也無法映照明見了。人心也一樣,必須正置且不爲外物所傾側、影響(如微風吹過水),如此才能發揮它明見事物事理、決斷事理之對錯及可疑者。

由之,吾人知道,蔽塞、錯置、爲物所傾側等,都會使心「不清明」而影響它功能作用之運用與發揮。因此,必須心保持清明,它才能正當地發揮它的功能作用:如實而完整的認知事物與明斷事理(不論粗、細)。而保持心清明的方式乃是作「虛」、「壹」、「靜」之工夫。故吾人才會於「前言」部份提出,其實對荀子而言,不只認知禮義,就是正確而如實地認知其他的、一般的事物、事理也須作虛壹靜的工夫;只是「知禮義」有其特別的需要性──這當然也關繫到「禮義」的重要性有別於其他事物、事理。

> 3.人何以知道?曰:心。心何以知?曰:虛壹而靜。心未嘗不臧也,然而有所謂虛;心未嘗不〔滿〕兩也,然而有所謂壹;心未嘗不動也,然而有所謂靜。人生而有知,知而有志;志也者,臧也;然而有所謂虛;不以所已臧害所將受謂之虛。心生而有知,知而有異;異也者,同時兼知之;同時兼知之,兩也;然而有所謂一;不以夫一害此一謂之壹。心臥則夢。偷則自行,使之則謀;故心未嘗不動也;然而有所謂靜;不以夢劇亂知謂之靜。未得道而求到道者,謂之虛壹而靜……虛壹而靜,謂之大清明。(〈解蔽篇〉)

一、「藏」、「兩」、「動」之意指

由上引文來看，心生而有「藏」、「兩」、「動」的能力，但也可作到「虛」、「壹」、「靜」。表面上看，藏兩動與虛壹靜似乎是相對立的，且前者好像是後者所要袪除的心之蔽。但扣緊文句仔細了解，則不是如此，而是虛壹靜乃是成就藏兩動者。認知禮義需要虛、壹、靜，但也需藏、兩、動（見下文），但藏、兩、動的作用能力一旦為虛、壹、靜所成就，它們就包含在虛、壹、靜之中了。所以，引文一開始才會只以「虛壹而靜」為心之所以能知禮義者。

所謂「藏」其實就是「志」。「志」同「誌」、「識」，也就是「識記於心中」的意思。心認識事物之後，就會把它所認識的記識、存放起來。這就是「藏」。

所謂的「兩」是「同時兼知之」，指的是同時認識不同的事物。此中含心「辨異」的功能在內，所以說：「心生而有知，知而有異」。而「兩」指的就是對心所辨異為不同的事物，能同時認知之，不因其不同而排斥之、而不能同時認識之。

至於「動」則是指心經常是在動的，未有一刻停止不動。不管是在睡覺時，或在偷懶散漫時，或用心在用它時，心隨時都在動。如睡覺時的作夢，散漫不用心時的胡思亂想，或是用心時的計畫、謀慮，都是心之「動」。

就認知事物、成立知識而言，心生而有的這些藏、兩、動的功能作用是必要的；沒有它們，我們不可能認識事物、擁有知識。因此，就心必須袪其蔽才能如實而整全地認知事物事理來說，它們並

不是心之蔽，不是虛、壹、靜之工夫所要去的對象。由上引文吾人亦可看出，荀子也並沒此意。既此，那虛、壹、靜所要去的心知之蔽是什麼呢？其如何成就人之「知禮義」？以下即針對這方面來作了解、探討。

二、「虛」、「壹」、「靜」之意指

　　所謂的「虛」，依荀子，乃是「不以所已藏害所將受」。「所已藏」指的是心認知事物後將其藏記在心裡。「所將受」則是將要認知、收受於內心的東西，即尚未認知存放於心裡的。說「不以所已藏害所將受謂之虛」就表示：心有「以所已藏害所將受」的毛病，所以需要作「虛」的工夫不使之發生。換言之，「虛」就是不讓心因已收受藏納了東西就妨害對未知事物之認知、收受。這也就是說，不讓心因認知了某事物／理，就對之起執著、或以之爲是、或以之爲全部，而致蔽塞住，拒絕或不再接受其他新的認知。「虛」就是要能袪除心知因「藏」的功能而自起的些「蔽塞」之毛病，讓心保持通暢而能不斷地「藏」——不斷地認知及接受、藏納其所認知的。就此而言，「虛」乃透過去蔽而成就「藏」的功能，且把「藏」的功能含藏在「虛」的作用中了。依此，「虛」乃是「藏而不塞」。

　　荀子說：「不以夫一害此一謂之壹」。「夫一」與「此一」是相對的。「夫一」依王先謙之解，[33]即猶如「彼一」。也就是彼、此相對而爲言。由荀子的這句話，我們可以看出，心在認知上有「以夫〔彼〕一害此一」的毛病，所以才須作「不以夫一害此一」的「壹」

33　見《荀子集解》此段文字之註。

之工夫。此一、彼一，是兩種或兩件不同的事物或事理。依前此的了解，生而能知的心認識事物之後，能對之加以辨別；對辨識爲異的東西，它可以同時加以認識。這就是它生而有的「兩」的功能作用。可以同時認知不同的事物／理就表示亦沒有「以夫一害此一」。依之，很清楚地，「兩」對荀子而言，不是「心之蔽」、不是「壹」所要袪除的毛病。既此，那「不以夫一害此一」的毛病究竟如何產生的、應當如何了解？又，「不以夫一害此一」如何能稱之爲「壹」？「彼此不相妨害」和「壹」有何關係？

依吾人的了解，「不以夫一害此一」有兩種可能的了解方式：

1. 彼一、此一之不同在：彼一指已知、已藏之於心的事物，此一乃未知而將知的事物；此兩事物乃不同的。當心辨識出其不同時，因對已知起執著，即執之以爲是，而以「所將受」的「此一」爲非，而予以排斥、不接受。若是，就不能「同時兼知之」、不能「兩」。這是一種解讀方式。但這種解讀方式之所指，其實即是前述的心之蔽——「虛」所要袪除的。既此，沒理由再以之爲「壹」所要袪除之蔽。

2. 第二種解讀方式是：彼一與此一是相異、相對的。物物相異、相對就顯紛雜、歧亂。面對紛雜歧亂的外物，若心隨之起紛歧（因辨異），則就會心亂。如「心如槃水」一段所示：微風過之，水若隨風動就渾濁不能明見物；同樣地，心若爲外物之雜異給影響而隨之起舞，就紛亂歧異，即「不一」；若此，則不能明見、明斷事物事理。此即心爲「雜異」所蔽，也就是心因其有「兩」（含辨異功能於內）的功能而隨之起蔽。「爲雜異所蔽」就是其病。在此，「雜

異」之事物／事理就是「夫一」，而要明見的事物、事理
就是「此一」，心紛亂歧異就是「不一」，不能專定下來；
不能專定下來，就不能明見事物／理。若能不爲「雜異」
所礙（即能專定）而能明見事物事理，那就不是「不一」
而爲「一」了。因此說「不以夫一害此一」是「壹」。能
同時認知「此一」與「彼一」是「兩」。能祛除因「兩」
而引生之蔽，心之「兩」的功能才得以發揮。

此種解讀方式的還含下面的意思：不因彼之紛歧雜異而妨害了
心明見紛歧雜亂之事象事理背後的理；也就是因心定不亂，故能不
爲紛異之象所朦蔽而穿透這些紛異把握到「異中之同」的「理」或
「擇得其要」，也就是發揮「心之知」這部份的功能。「異」與「同」
爲異；衆理或衆象與統攝它們而爲它們共有的理爲異。能「異中求
同」或「擇得其要」，是同時兼知「異」與「同」，這也是「兩」
的功能。若此，「壹」是在成全心之「兩」的功能，也把其功能含
於己之作用中了。

至此，吾人大致解決在了解「虛壹靜」之「壹」所產生的問題。
以下即進而針對「靜」來作了解。

依前引的〈解蔽篇〉，「靜」乃是「不以夢劇亂知」，也就是
不被雜念或胡思亂想擾亂「心」之「知」的作用，就是「靜」。這
表示「心之知」會因有「動」而爲「夢劇亂其所知」；「夢劇亂知」
是心之「動」會引來的弊病。「靜」就是要祛除此心之蔽。雜念或
胡思亂想（「夢劇」），有些是應物應景而生，有些是自起的（如
睡覺時的作夢——一種幻覺、幻想）。它們基本上都起自心之「不
用心」之「動」。「心之知」爲其所擾亂，就表示「心」被其影響

而「亂」了──心因自己之「動」（不用心之動）所生的種種而「亂」了，致影響其「知」之功能的運用。在此，很明顯的，此「亂」是出自「心」之不能貞定、自持。依之，不讓應物而起的念頭或自起的想像等擾亂到心而使其不能貞定、自持，致影響到心之知，那就是靜。心發揮其「知」的作用是心的活動，也是「心之動」。由之，可以知道，荀子在此所謂的「靜」不是相對於「動」而言的「靜」，即「靜止不動」；它指的是另個意義的「動」，即「心動而不亂」之動。心若為幻想、雜念所影響，依「心如槃水」之喻來看，那就如同槃水不是處於「正置而勿動（不用心之動）」的情況，再加「微風過之」（如幻想、雜念等影響），那心就處於混亂不清的狀況，失去其清明了。如此就不只不能明見精微之事理，連粗大明顯之物也無法看清，更不用說定是非、決嫌疑了。依之，若心能「不為夢劇亂知」，也就是能「動而不亂」，那它才能正常地發揮它的功能：如實而完整地、清清楚楚地看清事物、事理（無論大小、粗細）、決斷是非、明察事理。就此而言，「不為夢劇亂知」之「靜」（即「心動而不亂」之「靜」）是成全、成就了心知於「動」方面之正面的用途與意義。

　　綜約以上所述，「虛」是使心能「藏而不塞」，「壹」是使心能「兩而不雜」，「靜」則是使心能「動而不亂」。它們成就、也包含了心生而有的「藏」、「兩」、「動」之作用能力，但卻祛除了因之而有的種種蔽病。簡言之，虛壹靜對藏兩動是「存其用，祛其蔽」或「全其用而祛其蔽」。

四、結論：「虛壹靜」與「知禮義」的具體關係

　　由前節第三段引文之內容來看，如序言提及的，關於「虛壹靜」，荀子是就「知禮義」來說的，並未涉及於「行」。但是，若如前所言，「知禮義」的「最終目的」在成為「聖人」，而荀子所了解的聖人並不是「只知而不行」，乃「攝知於行」、「以行著知」的，則其「知禮義」之「知」就不只是限於「認知」之意義，還具實踐意義之作用。若此，則吾人現在就面對了兩個問題：第一個問題是本研究主要要探討的：具體落實下來講，「虛壹靜」如何使人「知禮義」？也就是：二者之具體關係為何？第二個問題是：看似由「認知」方面來說的「虛壹靜」如何使人能達到「攝知禮義於行禮義」之活動中？如此意義之虛壹靜如何與荀子之「知禮義」所有的特殊之意涵──攝知於行、以行著知──相關？以下將先討論第一個問題，而後第二個問題。

一、由「知」方面來說

　　這方面的問題將順以下之次序來探討：「知禮義」之「知」的意涵與聖人「所知的禮義」之關係以及「虛壹靜」和此「知」之關係。

　　依前之了解，「知禮義」之「知」於荀子含有以下幾種的功能作用：第一，一般所謂的「認知」或「知道」的意思──不只知道表面所見的，如禮文規章或所面對到的情境或事例，還穿透表面深入地了解它們的所以然。第二，有「異中得同」之功能（含了解與

抽象及歸併的作用）——就一般事相事理而言；第三，含類比地推理、推用之作用；第四，與第二義之「知」更進一步，不只不爲事理事象之博雜歧異給影響而能綜知與得其同，更重要的是能通貫之、統攝之，而得通貫、統攝它們的最後之所以然之理，即「體常而盡變」之「道」、「禮之體」，也就是「以一行萬」的「一」、的「統貫」、「條貫」。此「擇得其要」的功能含綜觀與統攝之作用。第五，最後，也是最特殊的一點是：用「行」彰顯所「知」，把所「知」歸攝於「行」中。這意義的「知」實與「實踐」關係密切而不可分。

　　第一義的「知」，讓聖人在「依法而行」上與一般人不同：他不依法而行且知其所以然；一般人則只依法而行，卻不知其所以然。第二和第三義的「知」讓人能「有法者以法行，無法者以類舉」。第四義則讓聖人把握到通貫、統攝一切事理之理，也就是把握到第三義的「禮義」或「禮法」，以及第二義之「知通統類」即「體常而盡變」的「道」、「禮之體」。以上四種意涵的「知」，基本上是屬於純粹的「知」方面之功能作用。第五種，則如前述，就不再是「純粹之知」方面的事，乃涉及「行」。這意義的「知」是要把握得「體常」之「道」的聖人，把它「盡變」的一面表現出來，如此才算如實而整全地把握到「道」；也就是只有透過「遇事應變盡得其宜」，他才算是確實地作到「如實而整全」地把握到「道」，即〈解蔽篇〉所謂的「大理」。

　　依前之了解，在純粹的認知方面，心必須沒有蔽塞、錯置、與爲物所傾側等情形，它才能保持清明而如實地、完整地認知事物，因之，才能全盤而如實地認知禮義。就此而言，「虛」是使其「不

蔽塞」（而盡知理）者，「靜」是使其能不錯置、不為雜念所影響
而自持、貞定者。至於「壹」，則是使心不為所知之紛異給擾動，
進而能通透、統貫眾理而得其要（道貫、一）者。這是原則性地說。

　　如之前了解，虛、壹、靜乃含藏、兩、動的功能作用在內，且
是成全之者。依之，具體地說，在「認知禮義」上，「虛」與「壹」
讓第一、二、四意義的「認知禮義」之「認知」活動（了解、抽象、
辨異、擇要、綜觀、統攝等等）可能。至於第三義之「知」即推類、
推用之功能，則屬能知之心的基本功能。只要心不為物所傾側，不
要心不是不在焉[34]，它就能發揮此功能。就此而言，使之如此者，
乃「靜」之作用。除此，嚴格講，若「夢劇亂知」，則前述四種的
「知」都不可能。若由此來看，「靜」是使「虛」和「壹」，使「純
粹的認知禮義」可能者。

二、由「實踐」方面來看

　　第五義的「知禮義」是「攝知於行」、「以行著知」，關鍵在
「行禮義」上。在「性惡」的主張下，要能依禮法（無論是那一意
義的禮法），人首先必須作的就是「依禮法來化性」，也就是認可
禮，而後依其所認可的來化性。〈解蔽篇〉云：「心知道，然後可
道；可道然後守道以禁非道」。後者就是「依禮義來化性」；前者
表示：只要心認知禮義，就會以禮義為是、就會認可禮義——這表
示：只要心清明（唯有清明之心才能認知禮義），它就會認可禮義、

34　參見「白黑在前，而目不見」一段。

以禮義爲是、爲標準。嚴格講，不只如此，而是只要作了虛、壹、靜的工夫，心才能「以禮義來化性」。

> 1.〈解蔽篇〉：「心者，形之君也，而神明之主也，出令而無所受令。自禁也，自使也，自奪也，自取也，自行也，自止也。故口可劫而使墨〔同「默」字〕云，形可劫而使詘申，心不可劫而使易意，
>
> 是之則受，非之則辭」。
>
> 2.〈天論篇〉：「耳目鼻口形能各有接而不相能也，夫是之謂天官；心居中虛，以治五官，夫是之謂天君」。

依〈天論篇〉這段話，很清楚地，「心」是「天君」，是個「能治者」；耳目鼻口形能等是「被治者」。換句話說，也就是人生而有的官能及因之而引生的種種自然欲望——這些慾望不只是生理的，如飢欲食、寒欲煖、勞欲休等，還含心理的，如〈性惡篇〉明舉的「心好利」，都是「被治者」[35]——是作爲「天君」的「心」所治化的對象。若此，那〈性惡篇〉中所說的「化性」之工作就是作爲「天君」之「心」所作、所當作者。至於「心者，形之君也，而神明之主也」，則是進一步表示，不只五官，形體，就是心之種種作用也都是由作爲「天君」之「心」來主宰的。「天君」是「出

35　參見〈性惡篇〉有關「性惡善僞」之論證的幾段文字。「心好利」也是「性惡」之「性」，是需要被治者。就此來說，荀子的「心」有三重身份：認知心、天君、與天官。作爲「天官」，心亦有其自然的、感性的欲望，如好利、好名等。

令而無所受令」,是「自禁也,自使也,自奪也,自取也,自行也,
自止也」,依之,心之「以禮義爲是」是出於它自己的定奪、裁決,
「決定依禮義來化性」進而採取「以禮義化性」的行止,也是出自
「天君」之自我決定。能「依禮義來化性」,由荀子的角度來看,
就能成就仁、義、忠、孝等道德的行爲。能所行所爲全都依禮義而
行,即「全盡禮義」,那就是「聖人」了。這靠的當然是「天君」
不間斷的行使其功能作用。

除「化性」之外,荀子所了解的「聖人」還有另層意思,就是
前面一再強調的,無論碰到什麼事,隨時都舉措應變盡得其宜。這
當然是因「知通統類」、「審之禮也」,也就是深究明察禮之所以
爲禮之故。但,這只是「知」,只是把握到通貫、統攝一切理之理。
一旦遇事,當依何理、何法來應對之?這還需「心」作定奪、選取。
清明之心當然不爲事象所惑而識其眞相,這是「認知心」之工作。
但在如此如此的情境下,當依何理應之、行之,則出自「天君」之
裁決。作爲「天君」的「心」若是「清明」的,自不會爲「生而有」
的「好利之心」所影響、爲自起或他起的雜念所惑,而會自主地、
清明地依其所知來判定當依何理來應對、來做,也就是發揮「是之
則受、非之則辭」之功能來自定行止:自禁、自行、自止等等。這
是正置而勿動、不爲物傾側的清明之心(「天君」)會作的。這自
是「虛壹靜」之功效。依之,吾人可知,在「認知禮義」之後,聖
人能「以一行萬」(前引〈王制篇〉語)、「有法者以法行,無法
者以類舉」(前引〈王制篇〉語),「……遇變態而不窮……齊給
便捷而不惑……明達用天地理萬變而不疑」(見前引〈君道篇〉語),

遇事能「舉統類而應之,無所儗怍」(見前引〈儒效篇〉語),都是因其「心」已作了「虛壹靜」的工夫而爲「大清明之心」之故。

　　由之,吾人看到,「虛壹靜」的工夫,就荀子來說,其實並不只是在「認知」上需要,尤其在「純粹的認知禮義」上,在「實踐禮義」這工夫也是需要的。換言之,也就是「虛壹靜」的工夫不只能使作爲「認知心」的心「知」禮義,也能使作爲「天君」的「心」充分發揮其功能,致使人能「攝知於行」、「以行著知」,成就荀子「知禮義」之特殊的意義——含實踐意義與作用於內之「知」的意義。

肆、論荀子「聖人生禮義」所含藏的問題[1]

一、緒言

　　在〈性惡篇〉，荀子一再強調「禮義」是出於「聖人之僞」，並非「生於人之性」。聖人「生禮義」之「僞」，依荀子，就是「積思慮、習僞故」。（〈性惡篇〉）[2]除此，他還再三強調聖人和一般人是「性同僞異」。[3]依之，聖人之所以能而一般人不能「生禮義」的原因乃在於聖人之「僞」不同於一般人之「僞」，也就是聖人能「積思慮、習僞故」而致「生禮義」，但一般人則不能。

　　「積思慮、習僞故」，就荀子來說，是「僞」，也就是人為的

1　原稿發表於「第七屆南北哲學論壇」（2011 年 12 月 18 日，北京：北京大學哲學系）；本文乃修改、添補該稿而成。

2　〈性惡篇〉：「聖人積思慮、習僞故，以生禮義而起法度，然則禮義法度者，是生於聖人之僞，非故生於人之性也。」。

3　〈性惡篇〉：「聖人之所以同於眾，其不異於眾者，性也；所以異而過眾者，僞也。」

努力活動。[4]依吾人所知，人若沒有從事某某活動的「能力」，他就不可能有某某的活動。既此，荀子於此就有以下的問題：聖人之「生禮義」既不是「生於人之性」——即不是本於人人都「生而有」的「能力」而生之，（因荀子是由「生而有」來了解「性」的，）[5]那聖人生禮義的能力那裏來？也就是聖人所以能「積思慮、習偽故而生禮義」的能力由何而得、如何而得？有學者[6]認爲這最終乃歸於聖人的「才能」。將它歸於聖人之「才能」，就是於以它爲聖人「生而有」的獨特能力，即「特殊才能」。

這看法以及荀子自己所持的「聖人生禮義」的說法，其實都隱含了一些看似「自相矛盾」、而學者未注意到、觸及到的問題。首先，若如學者所言，荀子的聖人之所以能「生禮義」最終乃歸於其生而有的「特殊才能」，那將會出現以下的問題：（一）在〈性惡篇〉論及「聖人生禮義」時，荀子不厭其煩地以「陶人埏埴而爲器，工人斲木而成器」爲例來強調「禮義者，是生於聖人之偽，非

4　〈正名篇〉：「心慮而能爲之動謂之偽。慮積焉，能習焉，而後成謂之〔生於〕偽。」前義之「偽」就「活動」言；後一義則就「人爲努力之活動」所成就的「結／成果」而言，也就是就「生於偽」之活動而言。

5　〈正名篇〉：「生之所以然者謂之性。」〈性惡篇〉：「凡性者，天之就也，不可學，不可事。」〈禮論篇〉：「性者，本始材朴也。」由之可見荀子是由「生而有」來了解「性」的。

6　如牟宗三教授（《牟宗三先生全集》2，《名家與荀子》頁 197，臺北：聯經出版公司）、蔡仁厚教授（《中國哲學史》（上冊）頁 281，臺北：臺灣學生書局，2009 年 7 月初版）及以前的筆者之看法——雖未爲文論之，但確實持這種看法。

故生於人之性也。」[7]對荀子而言，說它「非故生於人之性」就表示它「不是出於／本於人『**生而有**』的能力」而成就出來的。既此，將聖人「生禮義」的「能力」歸於聖人「生而有」的「特殊能力」，就與荀子的意思相悖。（二）荀子是由「生而有」來了解「性」的。若聖人之所以能「生禮義」最終歸於其「生而有」的「才能」，那表示聖人在「生而有」的「性」上是不同於一般人，而這又與荀子的主張相違。（三）荀子有「性」的概念，但沒有「特殊才能」或如魏晉人所有的「才性」概念；此概念亦與其學思格格不入，尤其是關繫到「聖人生禮義」時，他所關注、強調的是「性」、「僞」之別；更有甚者，於〈榮辱篇〉他特別強調君子和小人都一樣地擁有「材性知能」。[8]這意含君子或聖人之所以為君子或聖人並不是，因為他們生而有擁有特殊的才能或知能，而與一般人不同的。依

7　見下第一段引文及〈性惡篇〉：「夫陶人埏埴而生瓦，然則瓦埴豈陶人之性也哉？工人斲木而生器，然則器木豈工人之性也哉？夫聖人之於禮義也，辟則陶埏而生之也，然則禮義積僞者，豈人之性也哉？……今將以禮義積僞為人之性邪？然則有曷貴堯、禹，曷貴君子矣哉？凡貴堯、禹、君子者，能化性，能起僞，僞起而生禮義。然則聖人之於禮義積僞也，亦猶陶埏而為之也。用此觀之，然則禮義積僞者，豈人之性也哉？」

8　〈榮辱篇〉：「材性知能，君子小人一也。」此中的「一」表示他們都同有「材性知能」、所有的「材性知能」都一樣。在此，「一也」含「普遍必然」之意，即普遍必然地同有。在有「材性知能」上，君子與小人無任何差別，也就是人與人之間無任何差別。此「材性」即〈論禮篇〉「性者，本始材朴也」之「性」；此「材」並非「才性」之意。

之，以「特殊才能」來解何以聖人能生禮義[9]（而一般人則不能），不僅不合荀意，甚而將導致荀意「自相矛盾」。

其次，若回到荀子本身來看，聖人之能生禮義與一般人是「僞異」，不是「性異」。既然「禮義」生於「聖人之僞」的「僞」指的是「積思慮，習僞故」，那似乎表示一般人不能「積思慮、習僞故」、沒有「積思慮、習僞故」的能力。但依〈正名篇〉與〈解蔽篇〉有關「心」與「慮」的文字來看，[10]（見下文）心與其知慮等功能乃人人生而有。若此，「積思慮」、「習僞故」乃人人可爲。既此，荀子似不應強調「禮義乃生於聖人之僞」而把一般人「生禮義」的可能性排除掉。

關於「聖人生禮義」，荀學中存有上述的這些問題。本文將扣緊《荀子》一書中與「積思慮、習僞故」相關的文句來作了解、分析與探討。至於文本，基本上以王先謙的《荀子集解》爲主，[11]而輔之以李滌生的《荀子集釋》。[12]

9　由〈性惡篇〉所論（參見上文與下之引文及該篇它處所說），可以看出，對荀子而言，「聖人」可以分為兩種：一是禮義還沒被制定出來，自行「化性起僞」而「生禮義」的聖人；另一類是禮義被制定出來後，所行所為全依禮義而行（即「積善而全盡」）而成為聖人的聖人。後一類乃一般人成聖之方式。

10　〈正名篇〉：「所以知之在人者謂之知。」〈解蔽篇〉：「人生而有知……心生而有知……。」〈正名篇〉：「情然而心為之擇謂之慮。」

11　臺北：藝文印書館，1973 年。此為經典，任何書局出版皆可、皆同，故本文不標筆者所用之版本頁數。

12　臺北：臺灣學生書局，民 68 年出版。

二、聖人如何「生禮義」？

　　針對「荀子的聖人之所以能生禮義，最後所本的究竟是『性』或『偽』，也就是聖凡究竟是『性異』或『偽異』？」的問題，了解「聖人是如何生禮義的？」對解決這個問題非常關鍵，因此以下先了解荀子這方面的看法。

　　〈天論篇〉：「耳目鼻口形能各有接而不相能也，夫是之謂天官；心居中虛，以治五官，夫是之謂天君」。

依〈天論篇〉這段話，很清楚地，「心」是「天君」，是個「能治者」；耳目鼻口形能等是「被治者」。換句話說，也就是人生而有的官能及因之而引生的種種自然欲望——這些慾望不只是生理的，如飢欲食、寒欲煖、勞欲休等，還含心理的，如〈性惡篇〉明舉的「心好利」，都是「被治者」[13]——是作為「天君」的「心」所治化的對象。若此，那〈性惡篇〉中所說的「化性」之工作就是作為「天君」之「心」所作、所當作者。至於「心者，形之君也，而神明之主也」，則是進一步表示，不只五官，形體，就是心之種種作用也都是由作為「天君」之「心」來主宰的。「天君」是「出令而無所受令」，是「自禁也，自使也，自奪也，自取也，自行也，

13　參見〈性惡篇〉有關「性惡善偽」之論證的幾段文字。「心好利」也是「性惡」之「性」，是需要被治者。就此來說，荀子的「心」有三重身份：認知心、天君、與天官。作為「天官」，心亦有其自然的、感性的欲望，如好利、好名等。

自止也」，依之，心之「以禮義爲是」是出於它自己的定奪、裁決，「決定依禮義來化性」進而採取「以禮義化性」的行止，也是出自「天君」之自我決定。能「依禮義來化性」，由荀子的角度來看，就能成就仁、義、忠、孝等道德的行爲。能所行所爲全都依禮義而行，即「全盡禮義」，那就是「聖人」了。這靠的當然是「天君」不間斷的行使其功能作用。

> 1.凡禮義者，是生於聖人之僞，非故生於人之性也。故陶人埏埴而爲器，然則器生於陶人之僞，非故生於人之性也。故工人斲木而成器，然則器生於工人之僞，非故生於人之性也。**聖人積思慮，習僞故，以生禮義而起法度**，然則禮義法度者是生於聖人之僞，非故生於人之性也。（〈性惡篇〉）
> 2.故聖人化性而起僞，僞起而生禮義，禮義生而制法度；然則禮義法度者是聖人之所生也。故聖人之所以同於眾、其不異於眾者，性也；所以異而過眾者，僞也。（〈性惡篇〉）

依照荀子「性惡善僞」之論證，[14]人之所以能成善、進而「積善而成聖」，[15]主要乃依禮義或禮法[16]來化導「性惡」之「性」。這是

14　參見〈性惡篇〉，尤其是第一個論證：「今人之性，生而有好利焉，順是，故爭奪生而辭讓亡焉；生而有疾惡焉，順是，故殘賊生而忠信亡焉；生而有耳目之欲，有好聲色焉，順是，故淫亂生而禮義文理亡焉。然則從人之性，順人之情，必出於爭奪，合於犯分亂理，而歸於暴，故必將有師法之化，禮義之道，然後出於辭讓，合於文理，而歸於治。用此觀之，然則，

就一般人之成聖而言：也就是從「禮義被制定出來」後，「人是如何化性起偽而成善、成聖？」來說的。[17]由第二段引文可以看出，「生禮義的聖人」則不同：他或他們是在「沒有禮義」的情況下，自行「化性起偽」而生禮義，致成為聖人的。[18]就「生禮義」來說，依此段引文，乃聖人「偽起而生禮義」。此「偽起」，依第一段引文，就是「積思慮，習偽故」。換句話說，「生禮義」的「聖人」之所以「能生禮義」，而「異於一般人」，就在於他／他們能「積思慮，習偽故」。「積思慮，習偽故」是「能否生禮義？」的關鍵。

「積思慮」之「積」，字面的意思是「積聚」、「累積」。要「積聚」、「累積」思慮，就必須不斷地思索而後才能。因此，就「思慮」來說，它代表「不斷地思索而累積之」。但，要不斷地思慮、思索的是什麼呢？單由「積思慮」三個字是看不出來的；這必須由「習偽故」來了解。「習偽故」之「習」，很明白地，就是「學習」的意思。「偽」，依〈性惡篇〉則是：「可學而能，可事而成者」，[19]也就是「感而不能然，必且待事而後然」[20]的。換言之，

人之性惡，明矣。其善者偽也。」有關此論證之解析。請參考拙著《孟荀道德實踐理論之研究》，第四章，臺北：文津出版社，1988 年。

15　〈儒效篇〉：「積善而全盡〔禮義〕謂之聖人。」

16　於荀子，此二詞乃通用。

17　此即註 7 所提的後一種成聖方式。

18　此即註 7 所提的前一種聖人。此處有：聖人如何可在禮義尚未被制定出來前，自行化「性惡」之「性」而異於一般人？不過這問題不是本文所要探討的主題，故不針對之作討論。

19　〈性惡篇〉：「可學而能，可事而成，之在人者，謂之偽。」

20　〈性惡篇〉：「感而不能然，必且待事而後然者，謂之〔生於〕偽。」

不是「有所感」的當下就自然而然地能做到、爲如此或是如此，而是必需經過人爲的努力而後才能有、才能成就的，是「僞」。這也是荀子於〈性惡篇〉論證「性惡善僞」之「僞」的基本意思。[21]至於「習僞故」之「故」，就是「故事」、「故舊」之「故」，[22]也就是指過去發生的事情。但，在此它不泛指一切或任何過去發生的事情；它應有特殊的意指。也就是，在「生禮義」上，聖人所要努力學習了解的、發生在過去的事情，絕不是任何人或自己的先祖之所作所爲或發生在他們身上之故事，如李滌生先生所說的。[23]

　　我們知道，荀子所謂的「禮義」或「禮法」或「禮義文理」等（〈性惡篇〉），一般而言，指的乃是「周文」，即周朝的那套禮義、典章制度；〈性惡篇〉論及「善僞」之所依的「禮義」、「禮法」便是如此。「聖人生禮義」之「禮義」乃就「化性成善」之「禮義」而言。[24]這套禮義，是先王、後王相承而成的；（所以說「百王之無變，足以爲道貫。」）[25]後王之於禮法不同於先王（如堯舜）

21　相對於「僞」，「性」是「不可學，不可事」，是「感而自然，不待事而生之者」。見下引文 3。

22　參見李滌生《荀子集釋》頁 544 注 4，取韓非子「去智與舊」之「舊」為此處「故」之解。見其書。

23　同前註。

24　但就「知禮義」言，則其當有三義：一般認知禮義的意思、研讀禮法、與攝知（禮義）於行（禮義）之意。參見拙文〈由「成聖」見荀子的「爲學步驟」〉，民 98 年國科會補助之專題研究計畫成果，曾於 2011 年 12 月 6 日「第九屆國際當代新儒家學術研究會議」（香港中文大學哲學系）宣讀。

25　見〈天論篇〉；另，〈儒效篇〉：「天下之道，管是矣，百王之道，一是矣。」

者，乃在於後王（文王、武王）使之「粲然明備」。[26]故在此意上，荀子強調「法後王」。[27]

由之，我們知道荀子所謂「聖人生禮義」之「生」並不是「創造」、「創生」，[28]而是「制定」、「編列制作」、「編整條列」（所謂「周公制禮」）的意思。至於「習僞故」的「故」，指的則是先聖先王之事跡——足以爲世人、後人之典範者。努力學習、知曉先聖先王（如堯、舜、禹等）之事跡，並透過知慮思索，把握到其行爲、應事之理則。先聖先王的事蹟眾多，需不斷的知慮思索才能把握得其理則。但只知曉與把握得其行事之理則還不是也不能「生禮義」；要「生禮義」還需不斷地思考當如何編列整理這些理則，使它們成爲有組織、有章法的禮文制度。依之，「積思慮」所思索的，不只是先聖先王之行事與其理則，還有如何編列整理它們成爲明文的規定，成爲有組織、有章法的禮文制度。

努力學習、了解先聖先王之事跡和思索其所依循之理則及編列整理這些理則成爲有制度的禮義或禮法，都是人爲努力的活動，是「僞」。這就是〈正名篇〉所說的：「慮積焉，能習焉，而後成謂之〔生於〕僞。」[29]

26　〈非相篇〉：「聖王有百，吾孰法焉？故曰：文久而息，節族久而絕，守法數之有司，極禮而褫。故曰：欲觀聖王之跡，則於其粲然者矣，後王是也。」

27　見〈儒效篇〉：「道過三代謂之蕩，法二後王謂之不雅。」

28　如王忠林《新譯荀子讀本》（臺北：三民書局，1972年初版），頁354。

29　〔生於〕二字爲筆者依〈性惡篇〉所言之「生於僞者」之意而加。參見註20。

　　「積思慮、習偽故」是讓聖人能「生禮義」之「偽」。由之，吾人可知，荀子所謂「禮義者，生於聖人之偽」的「偽」是有其特殊的意指的，即其所指的乃是：不斷地思索、了解先聖先王之行事及其所秉持之理則，和思索如何編列整理，使之成為有組織、有章法的文理；簡言之，也就是特指「積思慮、習偽故」的活動而言。

　　「積思慮、習偽故」是「偽」。故荀子一再強調「禮義」是生於聖人之「偽」。「性」與「偽」，在荀子，尤其在〈性惡篇〉，是一組相對反的詞語。既「生於偽」，就不會是「生於性」；若「生於性」，就不會是「生於偽」。所以荀子一再強調「禮義」不是「生於人之性」。[30] 說它不是「生於人之性」就表示它不是本於人生而有的能力而制作出來的。這就意含它不是一般人或每個人都可以編列出來的。

　　禮義出於聖人之制作，但依荀子的說法，不能因之而認為聖人與一般是「性異」。因，如前之了解，聖人之「生禮義」是出於「偽」。所以說：「故聖人之所以同於眾、其不異於眾者，性也；所以異而過眾者，偽也。」（見前引第 2 段引文）荀子特別在此強調聖凡是「性同」──這表示在「生而有」上，聖人與一般人是一樣的。（因荀子是由「生而有」來了解「性」的。）但，若如荀子所說，為何只有「生禮義」的聖人可以「積思慮、習偽故」而生禮義呢？

───────────────

30　除正文的兩段引文之外，荀子於〈性惡篇〉尚有以下幾段話表示此意「凡所貴堯、禹、君子者，能化性，能起偽，偽起而生禮義。今將以禮義積偽為人之性邪？然則有曷貴堯、禹，曷貴君子矣哉？」「聖人之於禮義積偽也，亦猶陶埏而生之也。用此觀之，然則禮義積偽者，豈人之性也哉！」

　　若依荀子，這問題是不存在的——因「聖人生禮義」出自「偽」不出自「性」。但，若我們由以下兩方面來看，則不如此：（一）由聖人所以能生禮義之所本，即「積思慮，習偽故之所以可能」，來考量；（二）如前提及的，由「偽」之「活動」與其所本之「能力」的關係來看。以下即針對這兩方面之問題來討論。

三、由「性」與「偽」來看「生禮義」 之活動與其所本的能力

　　先就（一）方面的問題來作探討，再而（二）方面之問題。

　　由於荀子一再強調聖人之「生禮義」乃「生於聖人之偽」，並非「生於人之性」，因此，吾人有必要先了解荀子如何看待「性」與「偽」的關係。

一、「偽」與「性」的關係

　　首先，讓我們了解「生於性」和「生於偽」在荀子的差別。

> 禮義法度者，是生於聖人之偽，非故生於人之性也。若夫目好色，耳好聲……是皆生於人之情性者也。[31]感而自然，不

_____

31　此處之「情性」，用白話文說，當是「自然情性」，即荀子「性惡」之「性」、或謂「自然之性」；譯成白話文，不能直以「情性」說之如王忠林《新譯荀子讀本》（臺北：三民書局，1972年初版），頁354。荀子此處所言之「情性」不同於白話文「情性」之意；由上下文可以看出，它基本上乃指

> 待事而後生之者也；夫感而不能然，必且待事而後然者，謂
> 之生於僞。是性僞之所生，其不同之徵也。（〈性惡篇〉）

說「目好色」、「耳好聲」等是「出於人之情性者也」即表示：眼
睛喜歡看好看的東西、耳朵喜歡聽好聽的聲音等是「出於」人之「自
然的情性」，也就是「生於自然之性」或「生於性」。眼睛看（感）
到美麗的東西，人自然而然產生喜好或欲求之欲；耳朵聽到好聽的
聲音，人自然而然就會產生喜歡或欲求之欲。這些自然欲望是人的
感官一旦有所感，它們就會自然而然地出現、自然而然地如此的：
人不需要經過後天人爲的努力或學習才能如此或才有這些欲望能
力。這是「生於性」：這些自然欲望的產生來自「性」，也就是它
們來自「生而有」的欲望能力。至於「生於僞」的則是：「感而不
能然，必且待事而後然者」，也就是不是有所感、有所想的當下，
人就自然而然地能做到、能有之，而是需要經過後天人爲的努力與
學習，才能做到、才能有之的。說「禮義法度者，是生於聖人之僞」
就表示：聖人也不是想要生禮義或感到有生禮義之必要，[32]就自然
而然地能做到而生禮義的。也就是說，**這聖人「生禮義」的「能力」
是「生於僞」**；這能力是聖人是經過後天的學習、努力而後來有的。

「目好色」、「耳好聲」等「生而有」的「自然情欲」或「自然官能」而
言。

32　〈性惡篇〉：「古者聖王以人之性惡，以為偏險而不正，悖亂而不治，是
以為之起禮義，制法度。」另，〈禮論篇〉云：「禮起於何也？曰：人生
而有欲，欲而不得則不能無求，求而無度量分界則不能不爭，爭則亂，亂
則窮。先王惡其亂也，故制禮義以分之，以養人之欲，給人之求。」

若此，那表示聖人「生禮義」之「積思慮，習僞故」的能力是來自後來人爲的努力，[33]並不是「生而有」的。

　　依上，聖人「生禮義」之「活動」是「僞」，同時也是「生於僞」的活動，即「積思慮，習僞故而後成」[34]之「僞」的活動，也就是「僞之活動（積思慮，習僞故而後成的活動）」所生發出來的另一個「僞」之活動。據前之了解，「生禮義」之「僞」的「活動」基本上乃本於「生於僞」而不是「生於性」的「能力」而有。「生禮義」的「僞」之「活動」就是將先聖先王之事跡所習得、思慮得其行事應對之種種理則編制、整理成條文，即明文之法規；簡言之，說它是「生於僞」的「活動」之「僞」指的是「積思慮，習僞故」而後有的「活動」；而「生禮義」的活動則是本於此「僞」之「活動」才能有的活動。依前之了解，聖人能有「生禮義」之活動，其能力乃來自於「僞」，即經過後天人爲的努力而有。而依吾人之了解，若不是活動者本有從事某活動的能力，那無論如何的訓練、學習（「僞」），都不可能使之有做該活動的能力而致做該活動。[35]有關這方面的問題，荀子〈性惡篇〉以陶匠製陶器、工匠製木器爲例來喻聖人之於禮義的關係中實含藏此問題，（見前引第一段引文）但荀子一直未就「能力」方面來正視此問題。陶匠製陶器、木匠製木器，都是經過不斷的學習、練習而後才能製造出陶器或木器來

33　故〈正名篇〉云：「慮積焉，能習焉，而後成謂之〔生於〕僞。」見註
　　18 與註 28。

34　同前註。

35　參見 *Nicomachean Ethics*，Ⅱ.1, 1103a22-25，亞里斯多德所舉的石頭與火之本性與積習（habituation）間的關係之例子。

的。[36]若生而沒有這方面的能力，則即使不斷的訓練、學習，都不可能使之有製造陶器、木器的能力。這就如同狗生而沒有飛而只有跑、跳的能力，即使經過一千次、一萬次，想盡各種方法來訓練牠飛，牠也只會跑、跳而不會飛。人也一樣，若生而沒有說話的能力，那無論如何訓練、學習，也不可能使之能說話。但若本有說話的能力，那加以訓練、學習，就可以使之於現實中說出話來，甚而說得很好。因此，除非「生而有做某活動之能力」，否則即使很努力地訓練、學習，（即「偽」），也不能使一物擁有做某活動的能力而從事該活動。

以此來看，若聖人生禮義的能力乃生於偽，則聖人必「生而有」有從事「生禮義」之「偽」的活動之能力，否則「生禮義」之活動乃不可能。這也就是說，聖人「生禮義」所本之「積思慮，習偽故」的「能力」雖來自「偽」，即經人為之訓練、努力學習而有，但聖人必是「生而有」這方面之能力，否則透過「偽」不能使之真有做此類活動之能力。換言之，來自「偽」之「生禮義」的「能力」必有本於「生而有」的「能力」，即有本於「性」，否則生禮義之聖人即使經過「偽」，也不可能真有該能力。

這，基本上，是吾人的想法與了解。問題是：荀子是否也如是想？或我們可以在《荀子》的文本中找到支持的論據嗎？關此，我們可以看荀子於〈禮論篇〉所說的：

36　陶匠、木匠工製造出陶器、木器來不是意外、偶然地製造出來，而是依他們專業的認知與技術而製造出來的。此中是有不同。就如初學一種語文或不懂該語文者，無意中說出一句正確的句子，這和語文專家說出是有不同的。參見亞里斯多德於 *Nicomachean Ethics*, II. 4, 1105a23-27 關此之說。

性者，本始材朴也；偽者，文理隆盛也。無性，則偽之無所
加；無偽，則性不能自美。性偽合，然後聖人之名一，天下
之功於是就也。〔案：依久保愛據宋本，此處當為「然後成
聖人之名，一天下之功於是就也。」〕[37]

由這段話可以看出，在成聖（成聖之名，成爲所謂的「聖人」）、
成就聖人之功業上，「性」與「偽」是二者缺一不可的。「性」是
生命之始人就本有的，其材質是樸實、中性而無法自我美化。性之
美化有賴於「偽」——尊崇禮義文理而以之來作「美化性」之工
作；[38]但沒有「性」，「偽」也沒有能作用於其上的對象，即加工
之材料。依之，「性」與「偽」乃是「材料與加工」之關係。而成
聖之名（成爲聖而享有聖之名）、聖之功（生禮義、治天下）則是
兩者合作後的「成品」，也就是於「性」上作「加工」之「偽」的
活動（此爲〈正名篇〉第一義之「偽」）[39]後再成就出來的結果（此
即〈正名篇〉第二義的「偽」）[40]。

　　依之，沒有「性」就沒能有「偽」。「偽」有二義，它指於「性」
上作「人爲努力」的活動或作了該努力活動後所成就的結果。用荀
子的話說，就是於「性」上加工，使「性」美化的活動或美化性之
活動後所能成的。若此，那〔第一義之〕「偽所成的」就是「加工

37　見王先謙《荀子集解》有關此段文字之註解。

38　參見〈性惡篇〉。

39　見註3引文之第一句。

40　即註4引文：「慮積焉，能習焉，而後成，謂之〔生於〕偽」之「偽」字
　　所指，也就是註3引文的後一「偽」字所指。

後、美化後」的「性」；而「出於僞」（〔第二義之「僞」〕）則
是出自加工、美化後的「性」所成就的。若由「能力」方面來了解，
「性」指的是人在生命之始所本有的能力，（「性者，本始材朴也」
之「本始」二字即表示此意）即「生而有」的能力，如目好色、耳
好聲、口好味，或視、聽、言、動、思、知等等；而生於「僞」的
能力則指經化導（如依禮義化導「性惡」之「性」）、訓練、或功
夫（如「虛壹靜」之工夫）培養後的欲望能力、[41]行爲活動（如行
合禮義之事）之能力、或知慮（如「知禮義」）能力等。就「說話」
來說，「生而有」的說話能力是「性」；經學習、練習之後，能在
現實中說出話來的能力則爲「生於僞」之能力；而在現實中出現的
「說話」之活動則是「生於僞之能力」所成就的活動，是「性僞合」
之活動、成果。若沒經學習、練習，單「生而有」說話能力並不能
讓人眞正地會說話。用荀子在第一段引文所舉的陶匠、木匠與聖人
之例來說：陶器工人擊捏黏土製成陶器，木匠砍伐、削木材而製成
木器，這些就如同聖人制作禮義一樣，都不是「生於人之性」，即
不是本於人「生而有」的能力而做到的。陶匠製陶器、木匠製木器，
都是經過學習與不斷的練習而後才能製造出來的，因此荀子說它們
是「生於工人之僞」。（見第一引文）（但，如前所言，若生而沒
有製作陶器或木器的能力，那無論如何學習、訓練，都不能使一個
人擁有製陶器或木器的能力。）荀子認爲聖人之「生禮義」就如同
陶匠之製陶器、木匠之製木器，都是經過不斷地學習與練習，而後
才能做到的，所以說「禮義法度者，是生于聖人之**僞**」（第三引文）。

41　如〈性惡篇〉：「人之欲爲善，爲性惡也。」其中「爲善之欲」即屬此類。

這表示聖人「生禮義的能力」不是「生而有」的能力，而是（「生而有」的能力）經過學習、練習而後培養出來的能力，而聖人就是以這能力來成就「生禮義」之活動的。在此，聖人之「積思慮、習偽故」就如同陶匠之「埏埴」、木匠之「斲木」。（見第一段引文）陶匠／木匠製造出陶器／木器的「能力」透過不斷地埏埴／斲木才擁有、才養成，同樣地，聖人制定出禮義的「能力」也是經過不斷地學習、思慮才有；有此能力之後才能如陶匠製出陶器、木匠製出木器，而聖人制出禮義。所以〈性惡篇〉云：「聖人之於禮義積偽也，亦猶陶埏而爲之。用此觀之，然則禮義積偽者，豈人之性也哉？」**聖人生禮義的能力**對荀子來說，很清楚地，乃來自「偽」——於「性」（生而有的能力）上加工、培養後所成／有的能力。

聖人既不是以「生而有」的能力來制定禮義的，那就不能因聖人生禮義而認爲那乃是因聖人之性與一般人不同，也就是因之而認爲聖人與一般人於「性」上有所不同。於此，我們可以了解，爲何荀子在「聖人生禮義」上一再地強調聖凡是「性同偽異」。在此，荀子並沒有「性同性異」的自相矛盾問題。

二、「積思慮，習偽故」之所以可能

聖人是「積思慮，習偽故」而「生於禮」的。「積思慮，習偽故」所本的乃思慮、學習的能力，也就是知、慮的能力。而所要思、要學的，如前之了解，乃先聖先王如堯舜禹之事跡及其所依循的理則。在此，吾人所要面對的問題有三：一是先聖先王（如堯、舜、禹等）的事跡，在聖王制禮義之時，乃是大家耳熟能詳的事，爲何只有「生禮義」的聖人能將之制成禮義？另一問題是，依荀子，「材

性知能」乃人人皆同有之。若此,「積思慮,習偽故」乃人人都可
為之。(詳見下文)既此,為何不是人人都可以「積思慮,習偽故」
而「生禮義」,卻是只有「生禮義」的聖人能如此呢?最後,如吾
人所知,荀子主張「塗之人可以為禹」(見下文引文),既此,為
何不是人人如聖人般可以生禮義呢?

　　1.〈榮辱篇〉:「**材性知能,君子、小人一也**。好榮惡辱,
　　好利惡害,是君子小人之所同也,若其所以求之之道則異
　　矣。……小人莫不延頸舉踵而願曰:『知慮材性,固有以賢
　　人矣。』夫不知其與己無以異也,則君子注錯之當,而小人
　　注錯之過也。故孰察小人之知能,足以知其有餘,可以為君
　　子之所為也。譬之越人安越,楚人安楚,君子安雅,是非知
　　能材性然也,是注錯習俗之節異也。」

　　2.〈性惡篇〉:「然而塗之人也,**皆有可以知仁義法正之質**,
　　皆有可以能仁義法正之具,然則其可以為禹明矣。……今使
　　塗之人者,以其可以知之質、可以能之具,本夫仁義之可知
　　之理、可能之理,然則其可以為禹明矣。今使塗之人伏術為
　　學,專心一志,思索孰察,加日縣久,積善而不息,則通於
　　神明,參於天地矣。故聖人者,人之所積而致矣。」

　　3.〈正名篇〉:「**所以知之在人者謂之知**。」

　　4.〈解蔽篇〉:「人生而有知……心生而有知……。」

由前面幾段引文可以看出,荀子強調「材性知能」大家都一樣地有,
所以說聖凡是「性同」。「知」的能力是「心」生而有的;又言「人

生而有知」，這表示人之有「心」是「生而有」的，不可能是經由「學」、「事」而有。而「慮」，如同「知」，同屬生而有的「心」之功能。[42]依之，吾人可以說，對荀子而言，「積思慮，習偽故」是人人都可以做。而依前之了解，聖人之所以能「生禮義」乃因「積思慮，習偽故」之故。知、慮既人人生而有之，而聖人「生禮義」所習的「偽故」又是大家耳熟能詳之事，那不就表示：人人，如同聖人，都可以「生禮義」嗎？更何況荀子明白地主張「塗之人可以爲禹」、「聖人者，人之所積而致矣。」[43]但荀子並不如此認爲，如前所言。

　　關此，荀子「塗之人可以爲禹但不必能爲禹」之說提供了我們一些化解此問題的線索。

　　　〈性惡篇〉：「曰：『聖可積而致，然而皆不可積，何也？』
　　　曰：可以而不可使也。故小人可以爲君子，而不肯爲君子；
　　　君子可以爲小人，而不肯爲小人。小人、君子者，未嘗不可
　　　以相爲也，然而不相爲者，可以而不可使也。故塗之人可以
　　　爲禹，則然；塗之人能爲禹，未必然也。雖不能爲禹，無害
　　　可以爲禹。足可以遍行天下，然而未嘗有能遍行天下者也。
　　　夫工匠農賈，未嘗不可以相爲事也，然而未嘗能相爲事也。
　　　用此觀之，然則可以爲，未必能也；雖不能，無害可以爲。
　　　然則能不能之與可不可，其不同遠矣，其不可以相爲明矣。」

42　〈正名篇〉：「情然而心爲之擇謂之慮。」
43　〈性惡篇〉。

這段話所面對的問題是：既然一般人也都可以成為如禹一樣的聖人，為何現實中不是人人都可以做到而成為聖人呢？荀子在此提供了一個關鍵而易懂的比喻：「足可以遍行天下，然而未嘗有遍行天下者也」。就「理」或「原則」上說，腳可以行遍天下，就如同人可以成禹；但「現實」中未曾有腳真正走遍天下的。這表示：於「理」上講是如此，但於現實中則不必一定如此。就「理」上講，人或腳存有那能力或可能性；但就「現實」講，它不一定被表現出來或完全實現出來。現實中它沒被實現出來並不表示它就不存在於人／足之中。所以說：「雖不能為禹，無害可以為禹」。

以之來看我們所面對的三個問題，那荀子的回答當會是：

就第一和第二問題來說，先聖先王的事跡大家都耳聞，也都有作「積思慮，習偽故」的能力，但卻不能像「生禮義」之「聖人」一樣制作出禮義來，原因就在於：一般人未把其「生而有」的知慮能力，也就是「積思慮，習偽故」的能力，於現實中發揮出來，或發揮了但還沒到能「生禮義」的程度——就「足」之例來說，就是未把它「遍行天下」的能力或可能性發揮出來，而只發揮了它「能行」的能力或可能性。是否把「積思慮，習偽故」的知慮、學習能力發揮出來或完全發揮出來？此中涉及「肯不肯」的問題，如前引文所示的：成為小人或君子乃「肯不肯為之」、並不是「可以或不可以」的「能力」問題。肯不肯，是人之抉擇、心慮之決定。〈正名篇〉云：「情然而心為之擇謂之慮。心慮而能為之動謂之偽。」經過心慮的抉擇而肯於現實中發揮該能力，作「積思慮，習偽故」的工作，那是屬於「偽」之事。行思慮、學知先聖先王之事跡，對一般人而言，並不難，「不肯為之」者當也較少。但要由之而把握

到先聖先王行事之理則並進而予以編整成有組織、有條理的禮文，困難度就高，知能要提高、思慮要加深加密。這就不是一般人都能做到的。荀子說聖人「積思慮，習偽故，以生禮義而起法度」，在「思慮」之前加個「積」字，在「習故」之中加個「偽」字，就表示「生禮義」所需之「思慮」與「習」是需要經過培養、訓練的，也就是要不斷地思索，努力學習，才能達到能「生禮義」的程度。換言之，**「生禮義」所需之知、慮的能力不是人所「生而有」的，而是經過「訓練、培養」而後有的能力。**依前對荀子「性」與「偽」之關係的了解，這能力乃**是經過「偽」於「性」（生而有的能力）上加工後培養出來的能力。**它是「生於偽」，但此「偽」不離於「性」，**是以「性」為本而予以培養、訓練出來的能力。**（而「生禮義」則是「性偽合」的結果，如前所言。）

　　不斷地思索、努力學習是人人都可做的（只要願意）。但現實中不是每人都可以做到「生禮義」之「聖人」的程度，都做到可以「生禮義」的程度（即使願意）。所以，對荀子而言，不是「人人或一般人都可以生禮義」的，雖一般人也稟有「生禮義」之「聖人」在「生禮義」上最終所本的「性」（生而有之知慮能力）。換言之，也就是在「積思慮、習偽故」上，聖人作的功夫深到一般人做不到的程度，故唯聖人能「生禮義」。這就解決了上述的第三個問題。

四、結論

　　依前之了解，關於「生禮義」，荀子並沒有聖凡「性同」或「性異」之看似矛盾的問題。聖人之所以能「生禮義」是生於「偽」，

而「生禮義」之「僞」最終所本的「能力」是「性」、是「人人生
而有的」。不過聖人不是單憑「性」就編制出禮義法度來的；單憑
「性」是無法做到的。聖人是**憑於「性」上行「僞」的功夫所培養
出來的「能力」編制出禮義法度的**（而「生禮義」則是「性僞合」
之活動的結果）。「是否行此『僞』的工夫？」涉及個人的意願，
現實中不見得人人都願意爲之。即使爲之，也不是每人的工夫都深
到聖人的程度而可以「生禮義」。故對荀子而言，「唯聖人能生禮
義」。聖人之所以能「生禮義」而一般人不能，依之，是「僞異」，
如荀子一再主張的，並非如學者所認爲的，最終訴之於聖人（「生
而有」）的「（特殊）才能」。

伍、論荀子「自然、人性與道德根源」的關係問題[1]

一、緒言

　　若把「自然與人性」這一組概念運用到荀學上,那它應就是「天與性」這一組概念所代表。〈性惡篇〉云:「性者,天之就也。」依之,「自然」與「人性」,在荀子看似為「生與所生／成」的關係。此外,如吾人所知,在主張「性惡」的同時,他特別強調「善偽」——人之成善乃出自後天人為的努力。成善之所以可能,客觀上乃因有聖王制定禮法以為人「化性以成善」之準則,主觀上則因人生而有能「以禮義來化『性惡』之『性』」的「心」。[2]「心」,就荀子來說,乃是人所以能成就道德行為之主觀依據。荀子從未明白說「心是性」;相反的,〈性惡篇〉說:「性不知禮義」,而〈解

1　本文曾於發表第六屆「南北哲學論壇」(主題:「自然與人性」),2010
　　年 12 月 20、21 日,香港中文大學哲學系主辦。與會學者不吝提供意見及
　　張亨教授之指正,於此略表謝意。
2　參見〈性惡篇〉與〈天論篇〉。

蔽篇〉表示：「知禮義」乃「心」之故。[3]依之，「心不是性」。
但「心」與其「知」的能力是人「生而有」的（〈解蔽篇〉）。荀
子了解人性的原則是「生之所以然者謂之性」（〈正名篇〉）；此
外，〈天論篇〉稱「心」爲「天君」。依「性者，天之就也」，這
些都表示，對荀子來說，「心應當是性」。[4]既然如此，那「心」，
就和「性」一樣，都是以「自然」爲質的。依之，荀子在此就必須
面對「非道德的存在如何產生出／成就道德的存在（道德行爲）？」
之倫理學中最棘手的問題。有些學者主張荀子的「心」當「具道德
意義或爲具道德價值的存在」，或同時爲、可以爲或也是個具「道
德性」的存在或爲「道德心」，以此來解決上述的問題。[5]

　　但，無論「天」與「性」，乃至「心」與「性」，的關係爲何，
它們於荀子都是「自然義」的存在。以如此意義或性質之存在，「心」
是否可以同時是「道德心」或爲一具「道德性」之存在？這實在令

3　〈解蔽篇〉：「人何以知道？曰：心。」此中的「道」乃指「禮義／法」言。
4　有關「荀子是否以心爲性？」的問題，請參見拙著《孟荀道德實踐理論之
　　研究》（臺北：文津出版社，1988年），第3章。
5　如唐端正、鮑國順、劉又銘等教授即作如此主張。唐教授觀點參見〈荀學
　　價值根源問題的探討〉，《新亞學報》第15卷（1986年6月），頁239-252；
　　另收入《哲學年刊》第3期（1985年6月），頁525-535。劉教授則見〈從
　　「蘊謂」論荀子哲學潛在的性善觀〉，《「孔學與二十一世紀」國際學術
　　研討會論文集》（臺北：政治大學文學院編印，2001年）。鮑教授則以
　　荀子的「性」分廣義與狹義，廣義含欲、知、能，狹義則指自然欲望。知
　　及能屬「心」，乃禮義和人性有關而爲善與道德價值之根據。其說未及「天
　　君」。鮑說見〈論荀子善從何來與價值根源的問題〉，《孔孟學報》第
　　62期（1991年9月），頁257-267。

人質疑。在荀子，「心」有三重身份，[6]即天官、天君、與認知心。此三者都和道德實踐有關，但扮演積極角色的乃後二者（該二者被荀子視爲「不是性」），因此本文的重點將放在後二者上：由其本身及其所有的作用活動和它們在道德實踐上所扮演的角色來探討上述問題。

經扣緊文本作了解與分析後，可以發現：在「性者，天之就也」的影響下，「心」作爲道德實踐之主觀依據，它不能同時被視爲是「道德心」或具「道德性」。但，這不表示，「心」，從其與道德實踐之關係來看，它完全不具道德的意義與價值。

二、「自然與人性」的關係

「天」字於荀子的作品中有兩種用法——作名詞或名詞轉用作副詞；與「人性」相關時，它並不若吾人今日用「自然」（Nature）一詞之用法與意思，即它不被用作爲一具實指內涵之名詞，而是當作副詞用，表示「自然而然地」的意思，而「人性」則是「人生而自然而然地有者」。（詳見下文）儘管如此，「自然」一概念與「人

6　一般都以之為有雙重身份，即天官與天君，而其之為認知心則另講；（如牟宗三先生之《荀子大略》，後收入《名家與荀子》，而該書後又收入《牟宗三先生全集》，冊2，臺北：聯經出版事業公司，2003年。或，參閱何淑靜，《孟荀道德實踐理論之研究》，第3章。同註3。）或單由認知心來講它。（如蔡仁厚教授，《中國哲學史大綱》，臺北：臺灣學生書局，1988年。）本文則合併言之，因此三者皆荀子之「心」所具之身份。合講可免另一說法被疏忽或三者被離析之嫌。

性」於荀子仍是相關的：「人性」以「自然」爲質；這也進一步決定了作爲「**道德實踐之依據**」的「**心**」，本身乃是以「**自然**」爲質的。以下即就荀子的「自然與人性」關係來做了解。

在〈性惡篇〉與〈禮論篇〉，荀子都提到：

> 性者，天之就也。

「天之就」即「天之成」的意思。在此，「天」看似一「實體字」，表示有個客觀實體的「天」存在；而「人性」就是由它所成就的。若此，「天」與「性」就是「生之與所生」的關係。但事實並不如此。這由荀子對「天」及和「天之生／成」的了解可以看出，而這方面的了解則需透過對「天」這個字在荀子的〈天論篇〉的用法來了解。

一、「天」與「自然」

> 1.不爲而成，不求而得，夫是之爲天職……列星隨旋，日月遞炤，四時代御，陰陽大化，風雨博施，萬物各得其和以生，各得其養以成，不見其事，而見其功，夫是之謂神。皆知其所以成，莫知其無形，夫是之謂天功。（〈天論篇〉）
> 2.天不爲人之惡寒也輟冬，地不爲人之所惡遼遠也輟廣……天有常道矣，地有常數矣……。（〈天論篇〉）
> 3.天行有常，不爲堯存，不爲桀亡……。（〈天論篇〉）

「列星隨旋，日月遞炤……」等乃宇宙中的「自然現象」。「萬物各得其和以生，各得其養以成」中的「其」指的就是「天職」之「天」。萬物之得以生、得以成是「天」盡其「職」之故，是「天之功」。令萬物得以生、成的是「列星隨旋……四時代御，陰陽大化，風雨博施……」等自然現象之種種條件的配合、施予。依之，生、成萬物之「天」乃是宇宙中的「自然現象」，是整個大自然。如此意義的「天」自是如第 2 及 3 段引文所表示的，不因人之好惡或誰治理天下而改變其運行：它有它自己的運行變化的規律、軌則。這也就是說，自然現象是依「自然的規律」來變化、運轉，與人事無干。在此，「天」或「自然現象」之「生」、「成」萬物不是刻意的求之、為之。其行／盡其職的方式乃是「不為而成，不求而得」：一切皆「自然而然地」順自然而成。

依前所言，萬物之生成乃「天」之「生」、「天」之「成」。此「天」指「自然現象」；而其與萬物之生養、成長的關係是「生之與所生」的關係。只是這「生之與所生」的關係不是如基督教所了解的上帝之於萬物的生、成——出自上帝之旨意，乃有意有為；「生之者」與「所生者」的關係，即「天」／「自然」與「萬物」的關係是無意無為的「自然生成」。作為「生之者」的「天」（或「自然」、「自然現象」）不是創造性的生、成萬物；它不是個「創造者」、「主宰者」。它只是宇宙中的大自然，循著其自然的規律、軌道運行、變化而自然而然地生養、蘊育了萬物。換言之，在此的「生之與所生」關係只是大自然中的種種條件配合了，就提供了萬物生養、成長所需的條件，萬物因之就自然而然地得以生養、茁壯而成熟。因係「自然而然地」、無意無為地盡其「職」、成其「功」，

此中無「爲」、「求」，也就無「爲」、「求」之「形跡」可循，故說人是「知其成，莫知其無形」而稱之爲「神」（神妙不可測知）、而以「天功」稱之。

依前所述，荀子的「天」乃指「自然」或「自然現象」；它是當名詞用的。這顯示：當「名詞」用的「天」，在荀子，並不意指一個超越的客觀實體（如 Being 存有），故它不是個「實體字」。如此的「天」或「自然」，發揮其生之、成之的作用時是以「自然而然」的方式來爲之的。在此，「生之」和「所生」的關係不是一般所了解的那種含「創生義」的關係。荀子所了解的「天與人性」的關係也是如此，而「天」字轉作副詞用。

二、「天」與「性」的關係

依前之了解，「天」作爲「生之者」（含成之者）和它「所生之者」（含「所成者」）的關係是種無意無爲的「自然而然地」就發生的關係。此「生」不是「使一物成爲客觀現實中之存在」的含「創生」義的「生」，而是一物成爲客觀現實中之存在後的使其得到「生養」而得以生長、茁壯的「生養」之意。依此來看，「性者，天之就也」若表示了「天」與「性」是「生之」與「所生」的關係，那這關係也不會是一般所了解的「生之」和「所生」含「創生」義的關係；在此「生之者」不會是「使之成爲存在的根據」的「生之者」。嚴格來說，「天」與「萬物」的「生之」與「所生者」的關係並不是用於「天」與「性」上。因「性」，不同於萬物之需自然現象提供種種條件而得以「生養」。此「生」之意不適用人性。既此，這表示，「性者，天之就也」的「天」（及其中所含的關係不

能以前述的說法來了解）及此句話的意思乃有另解。

　　雖然「生之與所生」的關係不適用於這句話，但「成之」與「成之者」的關係則可。因「天之就」的「就」所表示的乃「成」的意思。在此，表示「性」，就其爲「天之成」、「天所成」來說，乃「自然而然地成」。但，此中的「天」不能當名詞解作「自然現象」；此「成」也不是、不能解釋作「成長」、「成熟」，不同於萬物。就「性」來說，這句話乃就「性之爲存在方式」，即，「人如何有性？」來說。因「人之性」不能說是「自然現象」自然而然地使之存在、成就其存在。因此，此「天」字不就「自然現象」說，但就「天之成」來說。在此，荀子的「天之成」解釋、說明了「人是自然而然地有性的」。因「天之成」之意涵，此處的「天」字扮演了「副詞」的角色。

　　依之，「天／自然與人性」的關係，於荀子，不是「天生之」（客觀實體的「天」使人有性），乃純粹地只表示：人之有性乃自然而然地有。就此而言，實體義的、當名詞用的「天」或「自然」與「人性」是沒有關係的。

　　但這並不表示荀子所了解的「人性」和「自然」這一概念完全無干。就「人性之質」來說，亦如自然現象或自然存在物，其是以「自然」爲質的。

三、「人性」以「自然」爲質

　　1.性者，本始材朴也；偽者，文理隆盛也。（〈禮論篇〉）
　　2.生之所以然者謂之性。（〈正名篇〉）

3.今人之性，生而有好利焉……生而有疾惡焉……生而有耳目之欲，有好聲色焉……。（〈性惡篇〉）

第一段引文由「本始材朴」來說「人性」乃相對於「文理隆盛」之「偽」而言。「偽」，於荀子，表示的乃是「可學而能，可事而成者」（〈性惡篇〉），即經後天人為的學習、努力而有或可有者。在〈性惡篇〉論證「性惡善偽」時，荀子常以「性」和「偽」相對。相對於「偽」之為「後天人為」，「性」乃人所「本始」而有──生命之始即本有。而「材朴」則是就生命所本始有的「性」來說其質乃朴實的[7]。說其質「朴實」就猶如說其無任何色彩，乃中性的，就猶如「天」所「生」、「成」之萬物之為自然、如「天」所代表的「自然」或「自然現象」之為「自然」。在此，「自然」乃用來指「人性之質」的素朴。

　　荀子所了解的「人性」以「自然」為質，不同於孟子之「性善」之「性」以「道德」為質，主要就在於他係由「生」來了解「性」的。「生之所以然者謂之性」即表示此意。「生之所以然」即「生之然」[8]，也就是「生而如此」：「生命在始成」之當下即如此、

───────────────

7　「朴」同「樸」字。

8　這句話中的「所以然」是吾人常用的「所以然」之意（一物／事背後的根據或原因；就存在之根源說，則它常含「超越」、「形上」之意義）或只是「然」的意思，此處取牟宗三先生之說法，以後者來解之。詳細理由參見牟宗三，《心體與性體》，冊1，（臺北：正中書局，2006年），頁87-89，同註5。另，有關這句話的所含的深意與豐富的內涵，拙著《孟荀道德實踐理論之研究》已有詳論；本文之重點在論荀子學思中「自然、人

即有。這是由一「生命形成」／生命成爲客觀現實中之具體存在的當下就稟具的自然材質或自然徵象，來了解人性。如此了解人性，其所依據的「生」爲一「自然的生命」，而所了解的「性」則爲此生命所稟具的「自然材質」或表現出來的「自然徵象」（如飢欲飽、寒欲暖等）。[9]故荀子於〈性惡篇〉論證「性惡」時，都由「生而有」來說「性」，如前引第三段引文所示。而該生命之有其性的方式，說它是「生而如此」、「生而然」，就是前所說的，乃生而即「自然而然地」有之，非經也不能經後天人爲的「學」、「事」而有之。[10]如此了解的「人性」，無論其內容爲何，其質都是「自然」的。

三、「人性」與「道德實踐」之關係

依「生之所以然者謂之性」的原則來了解「人性」，如前所說，人性之質乃是自然的，無所謂善無所謂惡。但荀子卻主張「性惡」。由其論證來看，吾人都非常清楚，他所謂的「今人之性惡」（〈性惡篇〉）並不是就「性」本身來說。此中的「性」特指人所「生而有」的「自然情欲」，如生而有的好利、嫉妒憎惡之心與好聲色等，而言。「自然情欲」本身不爲「惡」；荀子也不以之是惡的。「性

性與到道德根源關係之問題」，故有關荀子的這句話當如何了解及其蘊含，請參見上述提及的拙著第二章頁 28 至頁 38。

9　同前註，頁 88。

10　《荀子・性惡篇》：「凡性者，不可學、不可事。」

惡」中的「惡」，依論證之內容來看，指的是爭奪、殘賊、淫亂等
「惡的行爲」——是順自然情欲而不加以節制所產生的行爲。[11]

順性而不加以節制就會產生惡的行爲，故荀子特別強調「善
僞」。[12]荀子所謂的「善僞」乃指「人之所以有善的行爲是出自人
爲的努力」。此中的「僞」指人「從師法之化，禮義之道〔導〕」
之人爲的努力，（〈性惡篇〉）也就是從師而學、而依禮義／法來
化導自然情欲，使之不無節而生惡，進而依禮義而行、而有忠孝、
辭讓等善的行爲產生。（〈性惡篇〉）簡言之，即因「性惡」之故，
人需「依禮義來化性」才能成善。「性惡」之「性」（自然情欲）
是「可化的」，而人也有「可化之」的能力——來自「心」。（見
下文）禮法，依荀子，出於聖王之制作，非人的內在本有。（〈性
惡篇〉）人是經過「知」而「有禮義」的。（〈性惡篇〉、〈解蔽
篇〉）有禮義了才能依之來化性。因此，「有禮義」是人成善、成
就忠信、辭讓等道德行爲之關鍵。而負責「知禮義」的，依荀子，
乃是「心」。（〈解蔽篇〉）「化性」、「知禮義」的都是「心」。
因此，就荀子來說，人之所以能成就道德行爲的依據在「心」。而
「心」，從它是人「生而有」來說，它是「性」「性惡」之「性」，
但此時的「心」是「被化的性」——道德上扮演消極、負面之角色，
故以下不就之來論。

---

11 見拙著《孟荀道德實踐理論之研究》，第4章，同註3。
12 「其善者僞也」之簡稱。「其善者僞也」一語出自〈性惡篇〉多處，乃〈性
惡篇〉在論證「性惡」之同時所要論證的。

一、「心」的三重身份

如前述，人之所以能「認知禮義」乃因「心」之故。這是就「心」是一「認知心」來說。除此之外，荀子所了解的「心」還有另兩個身份，即「天官」與「天君」。〈天論篇〉云：

> 耳目鼻口形能各有接而不相能也，夫是之謂天官。心居中虛，以治五官，夫是之謂天君。

在「官」、「君」上冠以「天」字，乃表示彼等為人所「自然而然地有」，即「天之就也。」喜怒哀樂、耳目鼻口形能、心等稱之為「天情」、「天官」、「天君」。耳目鼻口形體都能對外物有所感、有所應，但各有各的相應對象，不能互相取代。如目可見色不能見音，耳可聽聲不能聽／見色；目見色可起、會令人起好色之欲，但不能見、不能聽聲，也就不會令人起聲色之欲。[13]耳目鼻口形〔體之〕能乃人「生而自然而然地有」，故稱之為「天官」。

表面上看，「天官」限指「五官」，即耳、目、口、鼻、身等之官能，「心」是「天君」，不是「天官」。「天君」能「治五官」，是「治者」；「天官」是被天君所治的，乃「被治者」。二者相對反。「心」既為「天君」，就不是也不會是「天官」。但，就「耳目鼻口形能各有接而不相能」來說，「天官」一辭所意含的當不只耳、目、口、鼻、身等五官之官能，而是「心」方面的感性愛好或

13　當含自然欲望，非李滌生所言，只指「目辨色，耳辨聲」等。見《荀子集釋》（臺北：臺灣學生書局，1979 年），頁 367 註 3。

自然的心理情緒也含於其中。因為此中的「形能」之「能」不當作
「態」，[14]也就是「形能」不指「體態」，即「身」，而是「形〔
體〕」與「〔本〕能」兩項。「耳目鼻口形能各有接而不相能也，
夫是之謂天官」，前者之所以是「天官」，很清楚，不只因它們是
人生而自然而然地有的器官，更重要的是它們生而即具對外物有所
感就自然而然地有所應之功能作用（不只官能作用，還有因之而引
生自然欲求之功能作用，如目好色、耳好聽等），且各有各的相應
對象，不能互相取代。若此，那荀子的「天官」應不只限指「五官」，
即耳、目、口、鼻、身等之官能。「心」，對荀子而言，雖不同於
五官，不是個有形體的器官或如耳、目、口、鼻、身等式各單一的
肉體器官，但它會因各別的五官之官能或綜合其官能而自然地產生
一些自然欲求或自然的心理情緒，如好利、嫉害憎惡等。所以〈性
惡篇〉論證「性惡」時會說：「今人之性，生而有好利焉……生而
有嫉惡〔即嫉害憎惡之心〕焉……」，以人「生而有之」而將之列
入當「被治」的「性」之內容。除此，〈性惡篇〉論及「禮義如何
產生？」時，提到：「……目好色，耳好聽，口好味，**心好利**，骨
體膚理好愉佚，**是皆生於人之情性者也**。」明白地把「心好利」同
列於感官之能所引生的自然欲求中而全視之為「性」——所謂「生
於人之〔自然〕情性者也」，為「感而自然，不待事而後生之者」
的「性」，即「天之就也」——人所生而自然而然地有。而「目好
色、耳好聽、口好味、心好利、骨體膚理好愉佚」等，依〈性惡篇〉，

14　王先謙之解，參見其著之《荀子集解》有關此段之註解。清·王先謙（臺
　　北：藝文印書館，1973年，頁530-531）。

乃是當被化、被治者。依之，**從「心生而有好利」之欲或「心生而有嫉惡之情緒」來說，「心」也是「天官」，也是「被治者」之一。**這是「心」在作為「認知心」之外的另一個身份。

除此，「心」的第三個身份，依前引文，就是作為「天君」。作為「天君」，嚴格講，「心」的功能與職分並不只是前引的〈天論篇〉那段話所說的，「治五官」而已。關此，〈解蔽篇〉交代得比較仔細，下文再作了解。

由前所述，吾人可以看出，對荀子來說，「心」的身份是三重的：認知心、天官與天君。第二項屬「心是性」，其餘二項則屬「心不是性」。[15]在荀子的書中，「心」之「知」方面，常是單獨另講，不似「天官」與「天君」乃對列而言。故一般在作了解時，不是專就「心」是「認知心」來講，就是就它為相對於「天官」之「天君」來講。[16]就作道德實踐來說，道德實踐之成就涉及這三者，而這三者也是互相關涉的；但，就「道德實踐之所以可能的積極依據」來說，相關的乃是「天君」與「認知心」；（見下文）「天官」是負面的被治者。因此，以下僅就「認知心」與「天君」來做討論。

二、「認知心」在道德實踐上的角色與意義

如前所述，就荀子而言，我們必須「依禮義／法來化『性惡』之『性』」而後才能成就忠信、辭讓等道德的行為。要依禮義來化性，我們必須先「有禮義／法」。而依荀子的說法，禮義／法乃出

15　參見拙著《孟荀道德實踐理論之研究》，第 3 章，同註 3。
16　見註 5。

於聖王「積思慮，習偽故」而制定出來的：（〈性惡篇〉）它並不是我們內在本有。因此，我們必須透過「知」才能「有禮義」。[17]「能知禮義者」乃是「心」。能「認知禮義」的「心」於是在人之道德實踐扮演了一個十分關鍵的角色——能不能作道德實踐首先視「心是否認知禮義」而定。

〈解蔽篇〉云：「人生而有知……」、「心生而有知」。「知」乃是人「生而有」的能力，是「心」生而有的能力。（依「生之所以然者謂之性」的原則，「能知」與「心」都是「性」。）但，依荀子的了解，「心」不是據它「生而有的知」來認知禮義的，因為：

1.…人心譬如槃水，正錯而勿動，則湛濁在下而清明在上，則足以見鬚眉而察理矣。微風過之，湛濁動乎下，清明亂於上，則不可以得大形之正也。心亦如是矣。故導之以理，養之以清，物莫之傾，則足以定是非、決嫌疑矣。小物引之，則其正外易，其心內傾，則不足以決庶〔蠡〕理矣。（〈解蔽篇〉）

2.凡人之患，蔽于一曲而闇於大理。（〈解蔽篇〉）

3.故為蔽：欲為蔽，惡為蔽，始為蔽，終為蔽……凡萬物異則莫不相為蔽，此心術之公患也。（〈解蔽篇〉）

4.人何以知道？曰：心。心何以知？曰：虛壹而靜。（〈解蔽篇〉）

---

17 〈性惡篇〉、〈解蔽篇〉。

第四段引文中的「道」就是荀子〈天論篇〉、〈儒效篇〉等所謂的
「人之道」、「人道」，也就是人脩身、為人處事、君主治國之所
依的「權衡／準據／依據」，[18]即「禮者，法之大分，類之綱紀」
（〈勸學篇〉、〈禮論篇〉）、「聖人……審之禮也」（〈君道篇〉）
的「禮」。在此，它是客觀認知的對象；此中的「知」是「純粹認
知的活動」，沒有道德實踐之意義。也就是**認知禮義的活動**，就其
為「認知活動」來說，是中性的，沒有道德的意義；而能作此活動
之「心」，即「生而有」的「認知心」也是中性的。「認知禮義」，
依第四段引文，必須作「虛壹靜」的工夫。

　　「生而有」的「能知」之「心」有其蔽，如一盤混有泥沙的水，
只要放得不正或有風吹過，即使只是微風，也會混濁不清，無論事
物之大小、事理之粗細，都無法如實地看清楚、辨明白。就「心」
來說，會如此影響它的蔽，如第三段引文所表示的，即「偏於一曲
之蔽」與因萬事萬物之雜異而受之的影響、紛擾之蔽。因此，「心」
必須作「虛壹靜」的工夫才能如實地「認知禮義」。[19]從作道德實
踐必須先「知禮義」來說，「虛壹靜」是作道德實踐首先必要做的
工夫。

18　〈解蔽〉：「何為衡？曰：道也……。」
19　在《荀子》一書中，「虛壹靜」之工夫乃專門針對「認知禮義」而提出的。
　　為何如此？是否表示「虛壹靜」與「知禮義」有特殊的關係、不同於一般
　　的認知或認知其它事物？這關涉到：對荀子而言，認知禮義要知到何程
　　度才算真正認知禮義／法？又，「認知禮義／法」之「禮義／法」指何而
　　言？此等問題已在及將在另外的研究計畫中進行探討。

……心何以知？曰：虛壹而靜。心未嘗不臧〔同「藏」字〕[20]
也，然而有所謂虛；心未嘗不滿〔兩〕[21]也，然而有所謂一；
心未嘗不動也，然而有所謂靜。人生而有知，知而有志。志
也者，臧也，然而有所謂虛；不以所已臧害所將受謂之虛。
心生而有知，知而有異。異也者，同時兼知之。同時兼知之，
兩也，然而有所謂一。不以夫一害此一謂之壹。心臥則夢，
偷則自行，使之則謀，然而有所謂靜。不以夢劇亂知謂之靜。
（〈解蔽篇〉）

表面上看起來，虛、壹、靜和藏、兩、動是相對立的；虛、壹、靜
似乎是針對心之藏、兩、動而作的。藏、兩、動是心「生而有」的
作用能力。就認知來說，沒有這三者，人就無法認知事物。再者，
由引文亦可看出，荀子並沒有把「藏、兩、動」視為是「虛、壹、
靜」工夫所要袪除或對治的對象。他只是強調：「心未嘗不臧也，
然而有所謂虛；心未嘗不兩也，然而有所謂一……。」也就是強調，
在「生而有」的「藏」、「兩」、「動」之認知能力外，心可以同
時作到或有「虛」、「壹」、「靜」。只是，認知心在有藏、兩、
動之作用能力的同時，會因藏、兩、動之作用引生「以所已臧害所
將受」、「以彼一害此一」、以及「夢劇亂知」之蔽病。虛、壹、
靜的工夫就是要讓心不引生這些蔽病而充份發揮它「生而有」的

20　依王先謙之註。
21　同前註。

藏、兩、動之「知」的功能。[22]

至於「甚麼是虛壹靜？」依上引文，所謂「虛」指的是「不以所已藏害所將受」，也就是不因已認識的事物妨礙到對未知事物之認識。所謂「壹」是「不以夫〔彼〕一害此一」，指的是我們的「心」可同時認識不同的事物，而在認識不同事物之時，不會因此物之不同於彼物而影響到對它的認知。至於「靜」則指「不以夢劇亂知」。我們的「心」是，無論我們是否用心，它隨時都在動的：不用心時、睡覺時，心會自己動，會自己胡思亂想或作夢，而出現種種的雜念、幻象；用心時，則可謂我們計慮籌謀，可認識事物、辨知事理。[23]「靜」就是不讓這些雜念影響到心對事物、事理的認知。

由此可以看出，「虛壹靜」是在「認知」方面所作的功夫活動。既此，那很清楚，作為「工夫活動」，它「本身」乃是中性的，不具道德價值意義。由「生而有」的「認知能力」、「認知活動」及「心」所知「虛壹靜」工夫本身來看，「心」在作為「認知心」上，都不具有道德價值之意義。若此，那表示：無論就「它是性」或「不是性」來說，[24]荀子所了解的「認知心」本身都不具「道德的意義」而不能同時是「道德心」──一個具有道德意義、能生起或創發道

22　荀子對「虛壹靜」與「藏兩動」及兩者關係的了解，詳見拙著《孟荀道德實踐理論之研究》第 5 章。同註 3。

23　〈解蔽篇〉云：「白黑在前而目不見，雷鼓在側而耳不聞。」這即指不用心的話，即使白黑那麼明顯的對比顏色在前，雷鼓那麼大的聲音在耳邊，我們也都「有看沒有見，我聽沒有到」。另參見前引的「心如槃水」一段話。

24　同註 15。於該處筆者詳細討論：荀子的心是否是性？

德行爲之心／根源，如某些學者所主張的。簡言之，它只是個「中性」的「認知心」而已。

據前之了解，單從「認知」來看，「心之認知禮義」乃是個無道德價值意義的活動。此中所涉及或關繫到的，基本上有以下幾環。首先，是「認知的對象」——禮義或禮法。就荀子來說，它是道德實踐的客觀依據。但是就「心」之「認知活動」來說，它只是個純粹的認知對象而已。在此，它並沒有道德或價值的意義；它只是被視爲一客觀的單純存在對象而已。其次，就「認知的作用能力」來說，無論是「生而有」的「藏、兩、動」，或作工夫而有的「虛、壹、靜」，（也就是由「心是性」與「心不是性」兩方面來看的「心」之「認知能力／作用」）依荀子的描述，都與道德無干：它們都只是純粹地就「認知」而言，是單純的認知作用能力。這表示，虛壹靜之爲「工夫活動」並沒有道德的意義。在此，「心」之不爲「性」與「心之爲性」，即「生而有」的認知能力與經「虛壹靜」知工夫而有的認知能力，其質並無差別——都無道德的意義。

不過，這並不表示，荀子的「認知心」及其對象、活動，於「道德實踐的活動」中完全不具道德的意義。關此，基本上可以分由其「認知的對象」與「認知的目的」兩方面來考量。首先就其「認知的對象」來說。雖然在「認知活動」中，「禮義／法」是被當作純粹的對象來對待的，但若就其本身來說，很清楚地，對荀子來說，它絕不是個中性的、不具道德意義的存在。對荀子，禮法乃道德的準繩。既爲道德的準繩，它本身就具道德的意義而爲一具道德價值的存在。既此，「認知禮義」的活動就有道德價值的意義；它不會是個「純粹認知」的活動，一如認識粉筆、青蛙等。其次，依前所

述，荀子之所以認爲人必須「認知禮義」乃爲了要能「依禮義而行」而「成就仁、義、禮、智等道德行爲」。「認知禮義」是爲了「道德的目的」。「認知禮義」，在荀子，**不是個「單純的、獨立的認知活動」**；它是不能離開「實踐道德的目的」，是爲「道德的目的」而有、而存在的活動。依此，荀子的「認知禮義」之活動不能被視爲一般的認知活動：它乃是個有「道德實踐意義」之「認知活動」。

綜而言之，就「認知心」本身及其活動與對象來說，於荀子，雖都是中性、無道德色彩的，但就他於「道德實踐」所扮演的的角色與意義來說，則不如此：乃有道德意義的。

三、「天君」與「道德實踐」之關係

在「成就道德實踐」上，「認知禮義」是第一步要作的工作。因此，「認知心」扮演了一個十分關鍵的角色。除此，在認知禮義之後，作爲「天君」的「心」依禮義來「化性」，是另個關鍵。在知禮義之後，人是否〔能〕成就道德的行爲，就看「心」是否發揮它作爲「天君」的功能作用。以下即由荀子所了解的「心」之爲「天君」在成就道德行爲上所扮演的角色來了解其是否具道德意義或道德之質。就如同荀子所了解的「心」之爲「認知心」一樣，關於「天君」及其作用活動是否具有道德價值的意義，吾人也應當分由「生而有」與「道德實踐」之不同角度來看。

首先，由「生而有」來看。

1.耳目鼻口形能各有接而不相能也，夫是之謂天官。心居中虛，以治五官，夫是之謂天君。（〈天論篇〉）

> 2. 心者，形之君也，而神明之主也，出令而無所受令。自禁
> 也，自使也，自奪也，自取也，自行也，自止也。故口可劫
> 而使墨〔同「默」字〕云，形可劫而使詘〔同「屈」字〕申，
> 心不可劫而使易意，是之則受，非之則辭。（〈解蔽篇〉）

由第一段引文可以得知，「心」之所以被稱為「天君」乃因它是個
「能治者」。此段話只說它能「治五官」（耳目鼻口形能），實則
依荀子之意，不只如此。第二段引文中的「形之君，而神明之主也，
出令而無所受令」就明白的表示：作為一能治的君、主，我們的形、
神都是它主宰、作用的對象。而由〈性惡篇〉來看，「性惡」之「性」，
也就是自然的欲求與心理情緒（因天官而起、而有的自然欲求與自
然的心理情緒等）是它所要化、治的主要對象。換言之，在「性惡」
之下，人之所以能「化性起偽」就在於「生而有」作為「天君」的
「心」──在認知禮義之後，它會認可禮義，進而依禮義來化「性
惡」之「性」，而使人成就善行。[25]

　　「天君」之依照禮義／法來化／治性，依第二段引文，都出自
它自我的裁決、定奪與發令。這顯現了「天君」的獨立自主性與強
制性──對被治者之禁、使、奪、取、行、止等作用活動都出自自
我的決定與命令，完全不受令於他者、不受他者影響。[26]「心」依

25　〈解蔽篇〉：「何為衡？……故心不可以不知道；心不知道，則不可道而
　　可非道。人所欲得恣而守其所不可，以禁其所可？……心知道，然後可道；
　　可道，然後守道以禁非道。」

26　有學者認為此段表示荀子的「心」乃一具「自由意志」之心。在「完全自
　　主」的意義下，筆者同意說荀子了解的、作為「天君」的「心」是「自由」

其所知、所可的禮義來對「性惡」之「性」，行使「天君」所有的禁、使……等作用。透過此「化性」、「治性」進而「起偽」（役使、促使或禁止自然情欲依或悖禮義而行）的作用，「心」間接地令人產生了合於禮法的道德行為。這表示，作為「天君」，「心」雖只有治、化及使、止「性惡」之「性」的作用，並沒有直接生起行為活動之作用，它對行為之產生是有間接卻關鍵的主宰作用的。這也就是說，它雖然沒有「生起」行為活動之作用，但卻具有「實踐意義之作用」，且這作用就關繫著人是否有、是否能成就道德的行為。

　　依「是之則受，非之則辭」，「天君」是完全依它自己所判定、認可的來行使其「治」的功能的。從「心如槃水」一段話來看，只要「心」作「虛壹靜」的工夫，它就是「大清明」的，就能不為物傾側。若此，則它不只能發揮它作為「認知心」之「知」的功能，也能發揮它作為「天君」之功能作用。既此，作過「虛壹靜」工夫的「心」，自能完全依禮來化性起偽，而讓人成就道德的行為。就此而言，「心」，在荀子，自是人作道德實踐之所以可能的積極之「憑依因」或依據。[27]「心」在人之道德實踐扮演如此的角色，基本上乃是由它之為「認知心」與「天君」兩種身份共同完成的。

　　就「心」是「天君」這部分來說，首先，荀子稱之為「天君」，此中的「天」字就表白了「心」之為「形之君、神明之主……」乃

　　地作其決定與自主地發號命令的。但，是否可用「自由意志」稱之，則有待斟酌。此涉及討論「自由意志」一詞之了解。

27　在此不能說它是「生起」行為活動之「根據」；其扮演的角色只是「憑藉」的角色。詳見拙著《孟荀道德實踐理論之研究》，同註15。

是「天之就也」，即「自然之就也」，也就是「生而自然而然地如此」。在此，「天」字就含「天君」之質乃是「自然的」之意。其次，就它「生而有」的那些功能作用（如形之君、神明之主、出令而無所受令、自禁、自使等等）本身來看，那些功能作用本身乃是中性的。就如一國之君在治理他／她的子民時必具有一些的權能：治理、行使這些權能的活動和他／她的「君主」身份與責任有關，但這是政治的責任，並不是道德的，因之無道德意義或色彩。最後，從「天君」之能有這些作用能力或活動來看，它既是「生而有即自然而然地能」的，是「生而有」的作用能力——由「生」（「生命之始成」）而有的，則「它基本上乃是以『自然為質』的」一義乃很明白。

綜上之了解，無論就「心」之為「天君」的意義或其所具有的功能作用或其具有作「天君」之功能作用的方式來看，「生而有」的「天君」都不具「道德的意義」。這表示：由「生而有」的角度來看，「天君」作為道德實踐之所以可能的依據是個「非道德的存在」，其質乃是「非道德的」。

但是，若從荀子「化性起偽」或「道德實踐」的角度來看，則恐不是如此。以下就從這方面來討論。

其次，由「道德實踐」來看。作為「天君」的「心」之所以在「道德實踐」上扮演非常關鍵的角色，主要就在於它能「依禮義來化性而使人成就善」，也就是在於：認知心作「虛壹靜」的工夫以認知禮義後，它能以禮義為「是」，它就是道德行為的準則、客觀的依據）而接受它就是自己行「治」的依據、準繩（前引文所謂的「是之則受，非之則辭」、「自奪」），進而完全依照自己的決斷

（即「心不可劫而使易意」、「出令而無所受令」）來「禁」、「使」「性惡」之「性」而使之依它所認可的禮法來欲求，因之成就合於禮法的行爲。[28]換言之，也就是在作「虛壹靜」的工夫成爲「大清明」的「心」之後，「心」能不爲外物所影響[29]而自定是非、可否，且會完全依其自己所定、所可的來行使它爲「君」、是「能治者」之權能，絲毫不受制於他者（含自然情欲或外在因素），即「出令而無所受令」。這也就是說，「心」之爲「天君」，其之所以在人的「道德實踐」扮演了一個非常關鍵的角色，固然是因其本身具「實踐意義的作用」；但，就「道德實踐之所以能成」來說，此作用要發揮它對人之「道德實踐」的作用則有賴於以下兩個條件。第一，心認知禮義／法。沒有「認知心」之「認知禮法」，即使「天君」有「自奪」、「自取」、「自禁」、「自止」、「出令而無所受令」等權能，它也無法知禮法爲是而是之，之後再進一步地依之來化、導「性惡」之「性」，使其欲求合於禮法而使人成就合於禮法的道德行爲。第二，心作「虛壹靜」的工夫。如前所述，要認知禮義，心必須先做虛壹靜的工夫。但，仔細論究起來，「虛壹靜」工夫的作用不只是使「心」能認知禮義／法，它同時能使「心」恰如其份地發揮它「天君」的職分。在前引自〈解蔽篇〉「心如槃水」的一段文字中，有如此的描繪：「……人心譬如槃水……故導之以理，養之以清，物莫之傾，則足以定是非、決嫌疑矣。小物引之，則其

28　〈解蔽篇〉：「……心不知道則不可道而可非道。人孰欲得恣而守其所不可以禁其所可？……心知道，然後可道；可道，然後守道以禁非道。」

29　參見前引自〈解蔽篇〉「心如槃水」一段引文。

正外易，其心內傾，則不足以決庶〔麤〕理矣。」由這段話可以看出，「心」必須保持「清明」而不受外物所紛擾，它才能發揮「定是非」、「決事理」之功能，也就是「天君」之「自奪」、「是其所是，非其所非」等功能。能如此，它的其它功能，如自禁、自止、自使、「出令而無所受令」等，才能被恰當的使用、表現，而成就它為「形之君、神明之主」的職份。而此心「清明」，不致「其正外易」、「為物傾引」的，正就是「虛壹靜」的工夫，尤其是其中的「壹」與「靜」（見前）。所以〈解蔽篇〉在解釋完什麼是「虛」、「壹」、「靜」之後說：「虛壹而靜，謂之大清明。」換言之，只有在「心」作過「虛壹靜」的工夫之後，它才能「定禮之為是、非禮之為非」，而「以禮義來化『性惡』之『性』、使人起『合／依禮義』之行為」。

依之，「天君」在「道德實踐」上所扮演的角色，嚴格來說，關鍵在於「心」之作「虛壹靜」的工夫。而心之作此工夫，如前所述，依荀子，乃是為「知禮義」、「求得禮義」。[30]而「知禮義」、「求得禮義」的目的，就荀子來說，非常清楚，乃是為了一個「道德實踐」的目的：依禮義而行、成就合於禮法的道德行為。「禮法」乃道德行為之「衡」（〈解蔽篇〉）之準繩。「知禮義」之目的如此，「化性以成偽」之目的也是如此。因此，就如前對「知禮義」

---

30 〈解蔽篇〉：「未得道而求道者，謂之虛壹而靜。」此中的「謂之」，依鄭力為先生之解乃「告訴他」。「虛壹靜」之後的一段文字向來難解，經鄭先生之句逗與解釋後，它才成為令人可解的一段。因之取鄭先生之解法。參見鄭先生之文〈荀子解蔽篇疏析〉，《新亞書院學術年刊》，第13期（1971年6月），頁134-135。

與「虛壹靜」工夫活動之了解，這些活動本身是中性、沒有道德價值的意義，但，就荀子來說，它們是在「實踐道德」的「目的」或「要求」下被作的：它們不是單純的、純粹爲知識而有的活動，乃關連著道德的實踐目的因著道德的目的而有的活動。不能把它們與道德及作他們的目的切開來；把它們切開，就沒有從事之之意義。而就「化性起僞」來說，它也是爲「道德實踐」和它的目的而有的活動；甚而進之的是，它本身就是「實現道德」的「一環」或爲如此活動本身。因此，從「天君」與「道德實踐」之關係來看，「天君」在「道德實踐」上所擁有的那些功能作用、所扮演的那些角色，都和由它本身之存在及它本身之功能作用來看不同：乃是有道德意義而爲具「道德價值之存在」者。

四、結論

由前所述可以發現，荀子所了解的「天」與「性」，即「自然」與「人性」，的關係，不只對「人性」，同時也對「道德實踐之依據」的「心」具有決定性的影響：「性」是「天之就也」，是「生之所以然」，故而以「自然」爲質。荀子的「心」有三重身份：天官、天君、與認知心。「天官」是「被治者」，在道德實踐上扮演的是負面、消極的角色。對荀子來說，它沒有「是不是性？」的問題：它就是性，就以「自然」爲質。「天君」和「認知心」在道德實踐上扮演積極的角色，二者合而使「心」是道德實踐之所以可能的主觀依據。如此角色的「心」，於荀子，就有「是不是性？」的問題。

　　從「生而有」來說，依荀子了解人性的原則——「生之所以然者謂之性」、「性者，天之就也」，「天君」與「認知心」都是「性」，都以「自然」為質——這代表沒有道德價值的意義而為「中性」的存在。它們之為「中性」的，由前的論析可以看出，不只就其「本身」來說是如此，就「其作用活動與作用活動之對象於其活動的意義或所扮演的角色」來看，也是如此。據此，吾人無法如一些學者般，主張荀子的「心」也具「道德性」或也為一「道德心」。

　　從「實踐作用／功夫」方面來看，「心」之作為「天君」和「認知心」，對荀子來說，都「不是性」：「天君」是「能治者」，「性」是「被治者」；「認知心」能作功夫（虛壹靜），而「性」則不能，故「性不知禮義」。就其為「被治者」或「能知者」、「能作功夫者」來說，它們本身仍是中性的，其所有的作用也是中性的，並無道德的意義。但，由「道德實踐的角度」來看，則有些不同。無論是「天君」或「認知心」，其在「成就道德實踐」上，所有的「作用活動」，如「以禮義化／治性」、「認知禮義」等，本身都有道德價值、道德意義。「以禮義化／治性」本身就是個「道德的作為」，而「認知禮義」也是——「禮義」是「道德的準繩」，本身就是個具有道德價值的存在；在「認知禮義」的活動中是以如此的身份被對待的。因此，「認知禮義」的活動不能說沒有道德的意義與價值。更重要的是，這些作用活動（含「心」之作「虛壹靜」的功夫）都是因「道德的目的」（要成就道德行為）而被作的。在此情形下，他們不能由其本身來單獨看，不能脫離「道德的目的」來了解。既因「道德的目的」而有，這些作用活動就有道德的意義與價值。因此，雖然就「心」之為「天君」和「認知心」本身來說，它們是中

性的，不是「道德心」或具「道德性」，但就其作用活動與目的都與「道德實踐」相關、都因之而有來說，「心」之作為「道德實踐之主觀依據」並不是完全中性而無道德價值與意義。

附錄：比較孟子與荀子的「性善說」

一、前言

關於「性善說」，一般想到的就是孟子。但有不少學者認為，以「性惡說」聞名的荀子也可說「性善」。[1]透過此，他們希望拉近先秦這兩大儒於人性論方面之距離。持這種看法的學者，大多由孟子的「性善說」或泛說的「性善」之意（即「人性是善的」），並不是由荀子本身所了解的「性善」之意思，來立論。之所以如此，主要乃因一般都只注意到荀子主張「性惡」，而忽略了在他的書中他也針對「性善」提出他自己的了解與看法。既然荀子有他自己對「性善」的了解與看法，嚴格講，若要論究他是否可在「性惡說」

1　唐端正：〈荀子善偽論所展示的知識問題〉，《中國學人》第六期。陳大齊先生之下文亦隱含此意：〈孟子性善說與荀子性惡說的不相牴觸〉，《孔孟學報》第十三期。除唐端正、陳大齊等先生外，論及這方面問題時取這種立場的還有如薛保綸先生（〈荀子的心學〉，《哲學與文化月刊》，第五十一、五十二期）；蔡錦昌先生（《從中國古代思考方式論較荀子思想之本色》，唐山出版社，1989年3月）。

之外，也和孟子一樣，可以講「性善」，那就當以他自己對「性善」的了解與看法為依據來判定。

孟子與荀子是先秦孔子之後的兩大儒。而中國哲學史上，第一個「正視人性」問題的，尤其是「人性」與「善」和「惡」關係問題的，乃孟子。[2]自孟子之後，人性論即為儒家學問的主要課題。由這角度來看，比較他們兩人的人性觀，當然是件有意義的工作。而，如我們所知，已有許多學者作過這方面的研究。[3]從「孟、荀分別以『性善』和『性惡』著稱」來看，探討荀子是否也可說「性善」則更富挑戰性：它可能顛覆傳統與一般對荀子的看法。然而，如前所述，在從事這方面的探討時，學者都忽略了荀子有他自己對「性善」的了解與看法，而多未能由荀子本身的看法來立論、比較。這是很可惜的。此外，既然二子都有他們自己對「性善」的了解，那就兩人同為先秦之大儒來說，一直沒人把他們兩人對「性善」的了解拿來作比較，這也是十分令人不能置信的。[4]有如此的疏漏，無論就研究荀子或比較孟、荀兩人的人性論來說，都是個很大的遺憾。

2　《論語》中「性」字只出現三次（子貢曰：「夫子罕言性與天道」及曰：「夫子之言性與天道，不可得而聞也」，另孔子自己說：「性相近，習相遠。」）且依此三句，看不出孔子對「人性」的立場、態度與看法。較之於「仁」，明顯顯示「人性問題」不是孔子的基本關懷，不是他所要正視而處理的問題。詳見牟宗三《心體與性體》第一冊，頁 217-224，臺北：正中書局，1968 年出版。

3　參見註 1。

4　「一直沒有人把他們兩人對『性善』的看法拿來作比較」，承上文，在此我指的是荀子與孟子本人對所謂「性善」的看法，尤其是扣緊著《荀子》原文來了解荀子自己的看法。蔡錦昌先生曾引荀子「目明耳聰」一段來說

　　本研究擬依孟子與荀子自已對「性善」的了解來比較他們這方面的觀點。而爲深入剖析他們的觀點，以使這比較有深度、並從而對先秦這兩大儒者的人性思想有更新而中肯、深入、與細膩的了解，也將探討與他們的「性善」觀點有關的問題或論點，如：由荀子方面來說，以他的學思立場來看，他是否也可主張「性善說」——不只是他自己所了解的「性善說」，還有孟子所主張的？由孟子方面來說，則是：有關他「性善說」的意指，學者間的看法很歧異。以牟宗三先生爲代表的，都取傳統的看法，即主張那乃爲「性本善說」；[5]以傅佩榮教授爲代表的，則主張「性向善論」（即性有向善的可能，在此含它亦有向惡之可能）。[6]本文之所以必要討論此說，乃因其涉及孟、荀「性善說」觀點之異同。

　　由於一般不認爲荀子有所謂的「性善說」，因此本文有必要先確定荀子確實有他自己對「性善」的了解與看法以及他的了解與看法是如行，之後再論析孟子「性善說」之意指、蘊涵與相關問題，（如：他的「性善說」爲「性本善說」或「性向善論」？）而後再依之來比較二子的看法。

　　「荀子謂『性善即歌頌目之明與耳之聰』…。」（同註 1，頁 132）及認爲對荀子而言善惡都與性無關、荀子對性不像孟子那樣講究品質良窳等等他的觀點（同註 1，頁 131-135），並未扣緊原文來作分析、了解。簡言之，依筆者的看法，這仍不能算是就孟子與荀子兩人自己的觀點來作比較。

5　除牟宗三先生外，如他的弟子蔡仁厚、楊祖漢、李明輝等教授都持這種看法。詳見他們有關孟子人性論之著作。

6　參見傅佩榮教授之著作，如《人性向善》（天下遠見出版股份有限公司，2007 年）、〈人性向善論的理據與效應〉（《中國人的價值觀國際研討會論文集》，1992 年 6 月）等。

　　本文除扣緊原典來作分析與了解外，也將參考相關的二手資料，並針對二手資料的了解與觀點作分析和客觀的評判其與孟、荀本身觀點的距離。孟子方面的文本以朱熹《四書集註》之《孟子》為據，荀子則以王先謙的《荀子集解》為原典，間或參考李滌生的《荀子集釋》[7]。順序上，在探討完孟、荀之意思及分析其中所蘊涵的問題後，將就相關論點來看學者之意見、看法及作分析，最後再返到孟、荀本身的學思理論來檢討學者說法之是否可成立及其中所含的問題。經此，應可確定孟子和荀子對「性善」的看法並不若某些學者所主張的，且可中肯而深入地比較此二子「性善說」內容之異同，及就相關思想來了解造成二者對此說有不同態度的根本原因。

二、荀子對「性善」的了解與看法[8]

一、「性善」二字之意指

　　〈性惡篇〉主要在論證「性惡善偽」。[9]面對孟子的「性善說」，荀子要主張「性惡」且證明他的說法是成立的，他有必要針對孟子

7　臺北：臺灣學生書局，1979 年初版。

8　有關這部份的詳細內容，請參看拙著〈論荀子對「性善說」的看法〉（《理解、詮釋與儒家傳統：個案篇》，中央研究院文哲研究所，2009 年，頁1-30）。本文只摘述該文的重點，並應本論題之需求而略作更改、添補，詳細的相關內容不再重述。

9　「性惡善偽」乃簡稱荀子於〈性惡篇〉所說的「人之性惡，其善者偽也」。其意，依荀子的論證來看，乃是：人順性而無節則會流於惡，故曰「性惡」；

的「性善說」予以駁斥。在該篇駁斥孟子的「性善說」時，荀子提
出了他自己對「性善」二字的了解，且依之來反駁孟子的「性善說」
（而忽略了他自己對「性善」二字的了解不一定就是孟子的）。一
般學者都忽略了這段文字及其意涵，[10]致不知荀子有他自己對「性
善」二字的了解。這段文字是：

> 故人心譬如槃水，正錯而勿動，則湛濁在下而清明在上，則
> 足以見鬚眉而察理矣。微風過之，湛濁動乎下，清明亂於上，
> 則不可以得大形之正也。心亦如是矣。故導之以理，養之以
> 清，物莫之傾，則足以定是非、決嫌疑矣。小物引之，則其
> 正外易，其心內傾，則不足以決庶〔當為「麤」，通作「粗」
> [11]〕理矣。

這段話告訴我們，人心如同一盆雜有泥渣的水：若正置而不動，則
泥沙會往下沈澱而水面清澈明亮；如此，則即使如鬚眉或肌膚之理
那麼精細者都可明見之。若微風吹動，則泥渣會隨水動而動，致水
面混淆不清；若此，那就連很大件的東西也無法映照明見了。人心

而善則出自人為的努力，故曰「善偽」。詳見荀子〈性惡篇〉，或參見拙
著〈論荀學中「性惡善偽」的意義〉（《中國文化月刊》63，1985 年 1
月）。該文另收錄入《孟荀道德實踐理論之研究》（臺北：文津出版社，
1988 年）。

10　同註 4。
11　參見盧文弨校改。

也一樣，必須正置且不爲外物所傾側、影響（如微風吹過水），如此才能發揮它明見事物事理、決斷事理之對錯及可疑者。

> 所謂性善者，不離其朴而美之，不離其資而利之也。使夫資朴之於美，心意之於善，若夫可以見之明不離目，可以聽之聰不離耳，故曰「目明而耳聰」也〔，則可曰「性善」〕（〈性惡篇〉）

荀子在此開頭便說「所謂性善者……」，這很清楚，是要針對「性善」二字的意思加以說明。這告訴我們，他下面所說的就是一般「所謂性善」的意思。（嚴格說，是他自己對「性善」一詞的了解。）「所謂性善」是「不離其朴而美之，不離其資而利之」，即不離「性」之質樸就可美身，不離「性」之爲「自然的材質」就有利於人之行善。「美身」和「行善」與「性」都是不離的關係、都不能離開「性」而成。點出這意思之後，荀子接著說：「使夫資朴之於美，心意之於善，若夫可以見之明不離目，可以聽之聰不離耳，故曰『目明而耳聰』也。」這是進一步借用「目」與「明」、「耳」與「聰」的關係來說明「質樸的性」作爲「自然的資材」與「美」（美身）、「善」（善行）的關係。荀子在此的意思是：假使自然資朴之於美和心意之於善的關係就好像「可以見之明」不離「目」、「可以聽之聰」不離「耳」，所以才說「目明而耳聰」，那我們就可以如同說「目明耳聰」般的說「性善」了。最後一句「那我們就可以如同說『目明而聰』般地說『性善』了」，並未出現在荀子的原文中。但，從上下文的語氣與語法，我們可以很清楚地看出，它是含在這

段引文中的：既用「使乎……」，那後面就應有「則可曰……」；
用白話文說，也就是：既用「假使／如果……」，後面必有「就／
則……」。就語氣與語法來說，有前者必有後者；一說前者就必然
含後者於其中。如此，雖上引文中沒有「則可曰『性善』」這幾個
字，但它是已把它們包含在內了。在此荀子是把後面的「則可
曰……」省略了，因順著「使乎……」下來，它的意思已很清楚了。
荀子把它們省略了，我們可以把它們重新加回去，讓這段文字的內
容更明白、顯豁：很清楚地看出，荀子認為在何種情形下，我們才
可以說「性善」。

　　依上述，荀子認為若人性與美身和行善的關係就如同目與明、
耳與聰的關係，那我們就可以如同說「目明」、「耳聰」般地說「性
善」了。這表示，對荀子而言，若所謂的「性善說」成立的話，那
「人性」與「成善」的關係[12]就必須和如同目與明、耳與聰的關係
一樣，即彼此是「不離」的關係——成善不離於性。而此「不離」
乃是種「經驗實然」之「分析關係」的「不離」。上引文說：「……
可以見之明不離目，可以聽之聰不離耳，故曰『目明而耳聰』也。」
看得清楚叫「明」，聽得清楚叫「聰」。沒有看的能力不可能看得
清楚；沒有聽的能力不可能聽得清楚。「可以明」實含「可以見」、
「可以聰」實含「可以聽」：後者是前者的必要條件，是其存在之
所以可能的依據。在此意義下，有可以「明」、可以「聰」的能力
是可以以「見」、「聽」的能力來方便地取代的（雖然「可以見」、

12　美身乃透過道德的實踐，即成善，來美化自己的身心、自己的生命。詳見
　　〈修身篇〉與〈勸學篇〉。

「可以聽」不見得就是「可以明」、「可以聰」）。以下為方便討論將採取這種用法。

另，沒有眼睛不可能有視覺的「看」與「明」；沒有耳朵不可能有聽覺的「聽」與「聰」。不只可以「見的能力」，還包括「見之明」的能力，都「不能離開」眼睛；同樣地，「聽的能力」與「聽之聰的能力」也都「不能離開」耳朵。看的能力與眼睛、聽的能力與耳朵都是「不離的關係」。而這裡的「不離」，很清楚地，並不是「材料與加工活動」間的不離關係，也不是兩個好朋友形影不離之不離的意思。後二者都是後天、外在的，沒有絕對的必然性。但目與明或見，以及耳與聽或聰，之間的不離之關係是「經驗的實然」──是經驗的實然就是如此。但此「經驗的實然」的「不離」關係與前述兩種不同：明或見的能力就內在地存在於眼睛內，聽或聰的能力就內地存在於耳朵內。有眼睛不見得能看，有耳朵不見得能聽；[13]但只要能聽、能看，聽、看的能力就一定存在於眼睛、耳朵之內。聽、看的能力之存在於眼睛、耳朵乃是一經驗的實然[14]，而這「實然」是含「內在的必然性」的。既此，那「可以見之明不離目，可以聽之聰不離耳」中的「不離」，很清楚地，乃是「內在必然地存在於其中」的「不離」之意思。換言之，荀子在此說「不離」，表示的是：看的能力乃內在而必然地存在於眼睛中，聽的能

---

13 荀子在此說的是「可以見之明不離目」，不是「凡目必可見」，因此不可解為後者。荀子在此所說有些不同於前段在評駁孟子的「人之學者，其性善」時說「今人之性，目可以見，耳可以聽；夫可以見之明不離目…」。

14 此觀點乃得自劉述先教授之指點，謹此致謝。

力乃內在必然地存在於耳朵中，且這乃為經驗的事實所呈顯的，即表示它乃為「經驗實然」之「內在而必然」的「不離之關係」。

依此，荀子的了解乃是：如果「性善說」成立，那表示說「性善」就如同說「目明」、「耳聰」一樣。依此，對荀子來說，**「性善」一詞的意思就是：「成善的能力乃經驗而實然、內在而必然地存在於人性中」**。也就是說，成善的能力與人性有不離的關係乃經驗之事實，而這經驗之事實顯示它們的關係是前者乃內在必然地存在於後者中的，即二者乃是「分析的關係」。

二、荀子對「性善說」的看法

在了解了荀子對「性善」二字的了解之後，我們緊接著面對的就是：荀子為什麼不認為我們可以如「目明」、「耳聰」般地說「性善」？這問題關係到他對「性善」之了解與孟子的異同，因此我們在此有加以探討、了解的必要。以下將透過論述荀子是如何駁斥孟子的「性善說」的，來闡述為什麼他不認為也不能認為我們可以說「性善」。

在〈性惡篇〉，荀子對於孟子有關於「性善」觀點的評駁共有四個。[15]後兩個與荀子本身對「性善」一說的了解關係不大，故以下僅就前二個辯駁來討論。

---

15 第一個是針對「人之學者，其性善」作反駁，第二個乃針對「人之性善，惡皆失喪其性故也」提出辯駁，第三個和第四個都是以「人之性善」一觀點為對象。表面上看，第三個由「善」、「惡」的界定入手和第四個由「無辨合符驗」來評不同；事實上，兩個都是由聖王與禮義對現實人生之功效來立論的。簡單扼要地說，這二段文字的論證為：若性善則不需要聖王、

首先，就第一個來看。

> 孟子曰：「人之學者，其性善。」[16]
> 曰：是不然。是不及知人之性而不察乎性偽之分者也。凡性
> 者，天之就也，不可學，不可事。禮義者，聖人之所生也，
> 人之所學而能，所事而成者也。不可學，不可事，而在人者
> 謂之性；可學而能，可事而成，之在人者[17]謂之偽。是性偽
> 之分也。今人之性，目可以見，耳可以聽，夫可以見之明不
> 離目，可以聽之聰而不離耳，目明而耳聰，不可學明矣。

「不可學，不可事，而在人者謂之性。」「天之就」即「天之成」
的意思。說「凡性者都是天成就的」就等於下文所說，凡性者都是
「不可學，不可事」的。而說它「不可學，不可事」，也就是說它
無法透過後天的學習和努力而得或有。既無法透過後天的努力或學
習，而有，那表示：凡性者或凡屬於性者都是我們「生而即自然而
然地有」，[18]即〈正名篇〉所說的：「生之所以然者謂之性」。「生

禮義；唯性惡方需聖王、禮義。但就可見的事實來說，我們不只有也需要
聖王、禮義。既此，那很清楚，應是「性惡」才對，「性善」是不成立的。
後兩個辯駁基本上是由聖王、禮義於客觀現實中之效用來論說。

16 李滌生注釋此句話時提到，此說見《孟子·告子篇》（見註3，頁541）
乃誤。孟子未嘗有此語。

17 此處的「之在人者」和之前的「而在人者」，顧千里疑當都為「而在人者」。
參見王先謙所集之諸種說法。此於義理之了解無礙，故本文不作討論。

18 依此，「天之就也」的「天」乃非實體字。表面上是個有實體意指之名詞，
實則只扮演副詞之角色，表「天生自然地」或「自然而然地」。

之所以然者謂之性」，其實就是「生之然之謂性」的意思，也是告子「生之謂性」的意思。[19]此中的「生」指「生命之始成」；基本上乃扣緊「生命在始成的當下」所稟具的材質來了解「性」，是「順取」的進路。（詳見下文論析）

　　至於「偽」，它和「性」相反，是「可學而能，可事而成」，是「人之所學而能，所事而成者也」，也就是可以或必須透過後天的學習、努力而得的。依性和偽的區分，可以看的能力、可以聽的能力是我們生而就自然而然地有、無法透過後天的學習與努力而有，因此是屬於「人之性」；而禮義（或禮法，即周文或周朝所制定的典章制度）是出於聖人之製作，[20]不是我們生而即自然地有，我們是經過學習而能知、能成的，因此是屬於「偽」。

　　要了解爲什麼荀子認爲孟子乃因不了解「性偽之分」而有「人之學者，其性善」之主張，除了他對「性偽之分」的看法和對「性善」的了解外，我們還必須了解他如何看「人是如何而有成善之能力的？」依荀子的「性惡善偽說」或「性者，本始材朴也」[21]的觀點，人性本身是無所謂善無所謂惡，它只是一自然質朴的性；人必須「有師法之化，禮義之道〔導〕」（〈性惡篇·一〉語）[22]才能

19　同註9。

20　〈性惡篇〉云：「凡禮義者，是生於聖人之偽……聖人積思慮，習偽故，以生禮義而起法度……」依此，禮義是出於聖人之「製造」而不是「創造」，更不是人所生而內在本有。

21　〈禮論篇〉語。

22　依李滌生《荀子集釋》的段落之分來標示段落數序。同註7。

成就善行。以荀子來說，經驗事實所呈現的就是如此。[23]禮義，就如同隱栝之於鉤木、礱石之於鈍金，[24]是導正「有惡之傾向」的人性[25]向正、向善而使人能成就善之利器。沒有禮義就沒有成善的可能；成善之所以可能就在於有禮義。然而禮義，依荀子的說法，是聖人「積思慮，習偽故」（〈性惡‧五〉語）而生起的，並不是人性內在固有，也不是本於人性所生而有的能力而製作出來的。（〈性惡‧五、七〉）用荀子的話說，它是「生于偽」（〈性惡‧五〉）——聖人之偽。所以人若要有禮義而得以成就善行（如忠孝、辭讓等），就必須先從師而學得有禮義。這也就是說，人必須經過「學」、「事」而後才能有禮義，（故前引文中荀子說：「禮義者，聖人之所生，人之所學而能，所事而成者也。」）才能行善、美身。所以〈禮論篇〉說：「無性，則偽之無所加；無偽，則性不能自美。性偽合，然後成聖人之名，一天下之功於是就也。」

但「性無禮義」（〈性惡篇〉語），要能依禮義或禮法來化性就必須先「有禮義」，而人要有禮義又必須於「心」先作「虛壹靜」的功夫以知禮義。[26]之後，「心」才能行使其作為「天君」之主宰與能治的功能，[27]使「性惡」之「性」或自然質朴之性依禮義而行。

23　詳見〈性惡篇〉。在該篇，荀子論證「性惡善偽」都是就經驗現象之所見來論證的。由之可見，對荀子而言，說「性善」、說「善偽」，都是就經驗之實然而說。

24　見〈性惡篇〉第二個論證。

25　說「性惡」即含此義。參見註9。

26　見〈解蔽篇〉。

27　見〈天論篇〉，及參見拙著，同註9。

如此，人才有成善的能力而能成善。既此，「成善的能力」來自「偽」，不來自「性」，也就是與「性」不是「分析關係」的「不離」，沒有「內在必然」的「不離」關係。既然這樣，依荀子對「性善」的了解，就不能說「性善」而只能說「善偽」，所以認為孟子是錯的。一些學者主張他也可由「心」之能知禮義而化性成善，也就是由「心」乃是人作道德實踐之所以可能的依據，來說「性善」，[28]乃不能成立的說法。

依上，從荀子的立場來看，「成善能力乃來自于偽」，即經學、事而後有的，是很明顯的。而說「成善能力」來自「偽」，就表示它不來自「性」[29]、不為「性」所本有。既不是性所本有，那它和性的關係就不同於「目明」、「耳聰」，不是「經驗實然」之「內在而必然的不離」關係。所以在駁斥「人之學者，其性善」這一段的最後，荀子說「夫可以見之明不離目，可以聽之聰而不離耳，目明而耳聰，**不可學明矣**。」說「目明」、「耳聰」是「不可學明矣」即表示它們是「生而有」、是「生于性」。和前舉的禮義之為例作對比，說「禮義」是「聖人之所生也，人之所學而能，所事而成者也」，就隱含、暗示「成善的能力」，就經驗之實然來說，也是經學、事而有，即來自「偽」，不是「性」本有。既此，當然不可說

28　此涉及到「心是不是性？」的問題。請參閱拙作〈論荀子是否以「心」為「性」〉（I、II），《中國文化月刊》41、42，1983 年 3、4 月。另，收錄入《孟荀道德實踐理論之研究》，同註 9。

29　善乃「性偽合而成」，（參見〈禮論篇〉，或見下文）即以性為材料而於其上施以人為的努力（即「以禮義化性」或加工培養）後才成就人的「為善之能力」。

「性善」。然而孟子不但說「性善」且進而說「人之學者，其性善」，那當然是錯的了。造成此錯的原因就在於把來自於「學」、「事」，即「僞」，的能力認爲係「天之就也」，是「不可學、不可事」，即視爲來自「性」或人「生而內在本有」。所以在前引的那段話中，荀子才會直斥孟子之所以有此說乃因不辨「性僞之分」之故。

其次，就荀子的第二個評駁來說。

> 孟子曰：「今人之性善，將〔惡〕皆失喪其性故也。」
> 曰：若是則過矣。今人之性，生而離其朴，離其資，必失而喪之。用此觀之，然則人之性惡明矣。所謂性善者……故曰目明而耳聰也。今人之性，飢而欲飽，寒而欲煖，勞而欲息，此人之情性也。今人見長而不敢先食者，將有所讓也；勞而不敢求息者，將有所代也。夫子之讓乎父，弟之讓乎兄，子之代乎父，弟之代乎兄，此二行者，皆反於性悖於情也；然而孝子之道，禮義之文理也。故順情性則不辭讓矣，辭讓則悖於情性矣。用此觀之，人之性惡明矣，其善者僞也。

在這段話，荀子先針對「惡皆失喪其性故也」一觀點作駁斥，然後轉而陳述所謂「性善」之意義，再而就經驗現象之所能見的人性與善惡行的關係來說：順性則無善行表現；凡善行（如忠孝、辭讓等）皆悖於性而依於禮義文理而有。

「惡」乃「失喪其性故也」，指的是孟子認爲「惡」乃「人失

喪其『性善』之『性』」，即「放失良心」[30]的原故。荀子對這「失
喪其性」的了解，由上第引文可以看出，是：人性若會失喪，那一
定是「生而即喪」[31]「性善」之「性」既「生而即喪」，那表示人
是「生而即無善性」、「生而即無成善的能力」。這還可以由忠孝、
辭讓等道德或善的行為來說。既然依經驗的觀察，它們都不是順性
而有，而是依禮義文理而悖反於我們「生而有」的「性」而成的。
既此，那表示我們「生而有」的「性」是不含成善的能力的。若含
成善之能力，也就是成善能力為性所本有，那只要順性，不需要學
禮義、有禮義，人就可以成就善行了。然而經驗事實之所見並不如
此。由此可知，我們生而有的「性」之於美、善的關係不同於「可
以見之明」之於「目」、「可以聽之聰」之於「耳」，不是那種「經
驗實然」之「內在而必然地存在于其中」的「不離的關係」。既此，
由荀子的觀點來說，就不能如我們說「目明」、「耳聰」般地說「性
善」了。這表示：孟子說「今人之性善」乃是錯誤的。

　　從荀子的觀點來看，「性」之於美、善的關係不同於「目」與
「明見」、「耳」「聽聰」，也就是「成善的能力」不是「生而有」、
不是「生於性」：它來自「偽」，即經「學」、「事」而有。但，
這不表示，對荀子來說，「成善的能力」與「性」沒有任何關係。
〈禮論篇〉云：「無性，則偽之無所加；無偽，則性不能自美。」

30　〈告子篇・八、十一〉。
31　這點與孟子「良心放失」的觀點不同。就孟子，良心，也就是「性善」之
　　「性」，若放失，絕不是「生而即喪」，乃後天人陷溺於私利私欲而不自
　　拔或後天生長、生存環境之影響。參見〈告子篇・七、八、十一〉。

　　美性、化性固然要靠「偽」——心作虛壹靜的工夫知禮義後，依禮義來化導「性惡」之「性」，但「偽」也不能離於「性」：它需以「性」為材料，於其上加工，即化導，而後人才能行善、成就善行。依此，「成善的能力」是「不離」、「不可離」於「性」而有。這「不離」，很清楚，不是「分析」而是「經驗的綜合關係」——兩者經「偽」這後天、經驗的人為活動而連結在一起、而有關係。這明顯與「目」與「明」、「耳」與「聽」是「生而有」之「內在必然之不離」的「分析關係」不同。「成善的能力」與「性」是「經驗的綜合係」之「不離」；它們是「材料與成品」關係的不離，沒有「內在必然」之不離關係。人要作虛壹靜與化性的工夫，才有成善能力，兩者才連結在一起；人不作，就沒有。作不作，看個人。它既無內在性，也沒必然性。

　　既然如此，從荀子對「性善」的了解來說，（其實由孟子的角度來看也一樣）（詳見下文）雖「心」是人所「生而有」，（〈解蔽篇〉）也是能作虛壹靜工夫和化性者，也就是它是人之所以能成善的依據，吾人仍不能說「性善」。就「生而有」來說，依「生之所以然者謂之性」（〈正名篇〉語），「心是性」、「心是天君」（〈天論篇〉）；但，「心」並不是以「性」、以「生而有」的「天君」身份而為「成善之所以可能的依據」[32]：它必須作虛壹靜的工夫及依禮義來化性，才能使人有成善的能力而可成善。也就是，這是它以「不是性」[33]的身份而成就的。心之所以讓人有「成善能力」

32　同註 27。
33　同上。

是靠「偽」，不來自「生而有」、「不是生于性」。因此，即使由「心」是「道德實踐之所以可能的依據」來說，依荀子，仍不能如一些學者所主張的，說他也可說「性善」。由荀子自己對「性善」的了解來說是如此，由下文，吾人也可見得，由孟子的角度來看也如此。因二子對「性善」的了解都是：「成善的能力」與「性」為「內在必然」之「不離」的「分析關係」。

三、孟子的「性善說」及相關問題

關於孟子的「性善說」，除了扣緊文本來了解孟子所謂「性善」的意思外，就與荀子的比較來說，本文尚有以下兩方面的工作需做：第一，確定在孟子的「性善說」中，「性」與「成善能力」是否，如荀子一般，為「分析的關係」，即「性」與「成善能力」是「內在而必然」的「不離」之關係？第二，關於「性」與「成善能力」的這個關係，孟子是否如荀子般地以之為一種「經驗的實然」的關係？以下先了解孟子「性善說」的意指，作此了解同時，也探討第一個問題，而後再討論第二個問題。

一、孟子「性善說」之意指

〈告子·六〉是我們了解孟子「性善」之意思的一段關鍵文字。以下就這段文字來看孟子「性善說」之意指。

> 乃若其情，則可以為善矣；乃所謂〔性〕善也。若夫為善，
> 非才之罪也。惻隱之心，人皆有之。羞惡之心，人皆有之。

> 恭敬之心，人皆有之。是非之心，人皆有之。惻隱之心，仁
> 也。羞惡之心，義也。恭敬之心，禮也。是非之心，智也。
> 仁義禮智非由外鑠我也，我固有之也；弗思耳矣……。（〈告
> 子‧六〉）

「乃若其情……乃所謂善也」一段，歷來注釋家的看法多有不同。
其中較具代表性的當是趙岐、朱子、戴震、牟宗三等人的看法。[34]
就上下文脈與文本及孟子的基本觀點來予以分析、考量後，筆者採
取岑溢成與牟宗三兩教授的看法，以其最合上下文脈與孟子的基本
義理。另，在最後的「乃所謂善也」，筆者於「善」字之前中加一
「性」字成「乃所謂『性善』也」。如此做的原因在於此段文字孟
子乃針公都子之問「今曰性善，然則彼皆非與？」若無「性」字，
就成為公都子善在問有關「性善不善」及和孟子之「性善」有關的
問題，孟子卻以「甚麼是所謂的『善』？」來回答，如此是答非所
問。但就下文的內容來看，孟子所說的仍和他自己所謂的「性善」

34　但前三家的說法都有問題，不是和孟文上下文意不一就是違背孟子之基本
　　義理。參見拙文〈論朱子對孟子「乃若其情」一段的詮解——由與趙岐的
　　一同論起〉，韓國《艮齋學論叢》第五輯，2006 年 8 月。另，近人如劉振
　　維教授等逆返回去、取戴震對此句之讀法。對戴說之不成立，前輩學者們
　　已論之甚詳，實無必要再費筆墨論之，故本文略過。劉說散見其作品如《從
　　「性善」到「性本善」——一個儒學核心概念轉化之探討》（臺中：光鹽
　　出版社，2006 年）、〈論朱熹《四書集注》中人性論之引據暨其詮釋〉；
　　收於蔡方鹿、舒大剛、郭齊主編，《新視野、新詮釋——朱熹思想與現代
　　社會》（成都：四川大學出版社，2007 年），頁 269-330。

之意指有關（由四端之心來說）。孟子並沒有答非所問；也就是孟子在此仍是在談他所謂「性善」的意思。據此，補上一「性」字。

　　「乃若其情，則可以爲善矣；乃所謂〔性〕善也。」一般都解之爲：順人之情（指下文的四端之心）而行，就可以成善，這是眞正的善／這就是「性善」。[35]若取前一讀法，則，如前文指出，成爲孟子是針對什麼是「善」來說，乃答非所問；實則孟子在此並沒這問題。後一讀法，即以之在講「性善」，則合乎下文緊接著談「四端之心」之義，也合孟子於他處（如〈公孫丑・六〉、〈梁惠王・六〉等）所表示的：順四端之心而行，就可以成就仁、義、禮、智等善的行爲。這解法與牟、岑二教授的解法相容，但文字考証與義理疏通、相應上，則不若他們的來得嚴實而深入。[36]依牟、岑二教授之意，這段話用白話文說就是：**就人或人性之實／實情來看，人或人性其實是可以爲善的，這是〔我〕所謂「性善」的意思。**[37]

35　詳見拙文〈論朱子對孟子「乃若其情」一段的詮解——由與趙岐的一同論起〉之討論。同前註。

36　詳見二先生作品。牟先生的，請參見《圓善論》（臺灣學生書局，1985年初版；另，此書亦已收入《牟宗三先生全集》，臺北：聯經出版公司，2003年）頁22-27，岑溢成教授的則爲〈孟子告子篇「情」、與「才」論釋〉（上、下），《鵝湖月刊》58、59。

37　參見《圓善論》，同前註。在《圓善論》，牟先生的說法是「就人之爲人之實情而言」（P.24）。筆者此處參酌岑溢成教授之說法與個人之看法。此處既在言「性」之善，則說它是就「人之實情」來說與就「人性之實」來說，是一樣的。故籠統如正文之表達方式。另，「**這是〔我〕所謂「性善」的意思**」中之〔〕爲筆者依學術論文慣例加上的，非兩位先生之表達方式。

依上，孟子的「性善」乃就「人或人性之實情」來說的。就「人」來說，從「其可以爲善」來說「**性善**」，這很清楚，此處所講的「可以爲善」不是指經由後天的學習、努力而後「可以爲善」；用荀子的話說，這個「可以」是「不可學」、「不可事」的，也就是它是人所「內在本有」的[38]。而「可以不可以爲善」乃就「有沒有能力」而說。沒有能力行善就不可以爲善；有能力行善才可以爲善。依此，說「人性之實情是可以爲善的」就表示「人性」是含「成善的能力」的。「成善的能力」既內含於「人性」中，那表示：「人性」與「成善的能力」是「分析的關係」——後者乃內在地包含於前者中，且由於此，兩者有「必然不可離」的關係；也就是兩者有「內在必然的不離」之關係。這點，**孟子與荀子的看法是一致的。**

二、性本善或性向善？

由上我們可以知道，孟子所謂的「性善」並不是一般泛泛所說的「人性是善的」的意思；它是有特殊的意指的：它是就「人內在本有爲善的能力」來說的；其意也只是此而已——表示「人內在本有爲善的能力」。依之，「性善」之「性」指的就是這「爲善的

38　此處不依荀子用「生而有」，乃因孟子不由「生而有」來說「性善」之「性」。詳見下文。

另，有關於「性」，筆者不同於一般，以「生而有」來說之，而代之以「本有」。主要乃考慮到以「性」爲「生而有」將無法涵蓋孟子一系或其它不是由「生而有」來了解「性」的，但用「本有」則二者皆可含於內。在此，筆者對「本有」一詞的用法，著重在此詞本身所含的「本來就有」，是「不可學」、「不可事」的，不同於一般學者的用法：專以之說孟子「性善」之「性」，而以「生而有」說告子、荀子等所了解的「性」。

能力」。在此，「性善」之「性」與「成善能力」兩者是「等同」的，也就是二者的關係是嚴格意義的「重言式」的「分析關係」之「不離」，即「自身等同」或「反身」式的「分析關係」。這與荀子對「性善」之了解是兩者爲「主謂式」的「分析關係」之「不離」是不同的。

就「爲善能力」來說，它既是爲善的能力，那它當然本身就是善的。除非它成惡不成善，否則我們不能說它本身就是善的。但若它成惡，那它就是「成惡的能力」而不是「成善的能力」。所以從「成善的能力」來說，這能力本身就是善的。而既然孟子「性善」之「性」指的是人「內在本有」的「爲善的能力」，那，很清楚，孟子「性善」之「性」本身就是善的；也就是他的「性善說」乃「性本善說」。

然而，近一、二十年來又有一些學者不贊同這說法，而重新認孟子的「性善說」是「性向善說」──性只是向善而不是本善，因此也有向惡的可能。[39]若此，那表示孟子的「性善說」不表示「性」與「成善能力」的關係是「內在必然」的「不離」之「分析關係」，與荀子對「性善」的了解不同，也就是與吾人上面所作的了解不同。

關此，似乎《孟子》一書中有些地方是有以「性」只是「向善」而不是「本善」之處。最明顯的就是下面一段話：

> 告子曰：「性，猶湍水也。決諸東方則東流，決諸西方則西流。人性之無分於善不善也，猶水之無分於東西也。」孟子

---

39 見註 6 及註 34。

　　曰：「水信無分於上下乎？人性之善也，猶水之就下也。……」
　　（〈告子・二〉）

在這段文字裡，孟子以「水之就下」來喻人性與善的關係。「就下」
即「向下」。初看，孟子於此是只表示人性有「向善」之性，如同
水有「向下」之性。但，在此，吾人必須注意：（一）這只是「比
喻」，（二）即使只是比喻，「以水之向下」比喻「人性之向善」，
這「向」是有「必然性」的，即，只要無外力干擾，讓之順性而行，
則必然是向下、向善。水之向下因有必然性，才以之為其性。依此
了解，透過這比喻，孟子所要表示的，**不是人性只有「向善的可能」**，
如傅佩榮教授所主張的，[40]而是「人性乃定然而必然地向善」——
沒有向惡的潛能或可能（在無外力干擾的情形下）。這表示，只要
無外力干擾，人順之就必然成善，如〈公孫丑・六〉「乍見孺子將
入於井」一段所表示的。在此，孟子的看法和荀子的看法（在無外
力干擾的情形下，只是順性而已，則必然流於惡[41]）完全不同。（三）
依〈公孫丑・六〉「乍見孺子將入於井」一段與〈告子・六〉「乃
若其情」一段來了解，在此說「順性之向」而其實就是順「四端之
心」而行，也就是「順『性善』之『性』」而行。在此，這個「向」
其實指的就是「性善」之「性」本身、「內在本有的成善能力」本
身。而此性，依前之了解，乃「本身就是善的」。依此，吾人可以
斷定「以孟子的『性善說』為『向善論』」乃不能成立的說法。既

40　同註6。
41　參見〈性惡篇〉「然則生〔性〕而已」一段。

此，那表示其說無法影響到吾人的判定：孟子的「性善說」表示了「性」與「成善能力」的關係是「內在必然」的「不離」之「分析關係」，與荀子對「性善」的了解是相同的。[42]

依前之了解，荀子對「性善」之「性」的了解乃是順「生之所以然者謂之性」（〈正名篇〉）的原則來了解的，即扣緊「生而有」（一具體生命之形成的當下就擁有者）來了解的，也就是如告子之由「生之謂性」來了解「性」一樣。因此，他所了解的「性善」之「性」乃「經驗實然」中的「自然之性」。與此非常不同的是，孟子反對告子由「生之謂性」來說「人之性」（《孟子·告子·三》；詳見下文）。而如我們所知，依《孟子》一書之記載，孟子自己所提及、也承認是「人之性」的「性」字，也有指人所「生而有」的「自然之性」者，如〈告子·十五〉「大體與小體」一段及〈盡心·七十〉「性命對顯」一段。在此，吾人似乎面對了兩個問題。一是，就孟子之反對告子的「生之謂性」之說來看，孟子似乎自相矛盾：一方面反對由「生之謂性」（或謂「生而有」）來說「性」、了解「人性」，另方面卻又認肯由之所了解的也是「人之性」。另一則是他所謂「性善」之「性」是否有可能因之而和荀子所了解的一樣，

42　在「百年儒學研討會」上，鄭宗義教授指出：傳教授以孟子的「性善說」為「向善論」，若其「向善論」不是就「成善能力」說的，則就與本文之了解與論點無關，就可以不予以考慮、討論。筆者非常贊同他的看法，也謝謝他指出這點。困難的是，傳教授的觀點時而就氣質說、時而就潛能（若此，也是一種內在的能力）說、時而就傾向說（如正文所討論的）、時而就事實說，非常混雜。故思之再三，仍覺本文有討論、釐清孟子的「性善說」為「向善論」或「性本善說」之必要。

都是就「生而有」的、經驗中實然存在的「人性」（自然之性）來說的？和本論題直接相關的乃後一問題，且透過對後一問題之論析，前一問題可以獲得解答。因此，以下將直接針對後一問題來作了解。首先扣緊孟、告之對辯「生之謂性」來了解孟子之所以反對的理由、所站的立場，而後循序進入了解孟子「性善」之「性」之與荀子不同之處。

三、道德之性

由著名的孟、告「『生之謂性』之辯」，我們可以了解到，孟子之所以反對由「生之謂性」來了解「人性」，其因乃在於它顯不出人之所不同於動物之性之所在。順此了解下來，我們可以確定：孟子的「性善」之「性」，不同於荀子所了解的「性善」之「性」，並不是「經驗實然」之「自然之性」。

（一）非經驗實然的自然之性

> 告子曰：「生之謂性。」孟子曰：「生之謂性也，猶白之謂
> 白與？」曰：「然。」「白羽之白也，猶白雪之白；白雪之
> 白，猶白玉之白與？」曰：「然。」「然則犬之性，猶牛之
> 性；牛之性，猶人之性與？」（〈告子‧三〉）

在這論辯中，誠如牟宗三教授指出的[43]孟子在此犯了一些推理上的

43　見《圓善論》，頁 4-12。牟先生認為孟子在此論辯中犯了三個推理上的錯誤，筆者則認為不只，當為五個。關此，將另文論詳論之。見筆者將發表

錯誤（這代表告子也同樣犯了這些錯誤，因他未發現而答之以「然」──予以肯認、同意）。但，這論辯的主旨很清楚：孟子反對由「生之謂性」來了解「人性」，因那將顯不出「人性乃不同於動物性」，或「人性有與動物性不同之處」。〈離婁・四十七〉孟子云：「**人之所以異於禽獸者，幾希！庶民去之，君子存之。舜……由仁義行，非行仁義。**」這告訴了我們，「人性之所以不同於動物者」，依孟子，乃在於「人能由仁義行」──依內在而有的仁義禮智（之端源）而行，也就是在於人有「性善」之「性」，有「道德心」、「道德性」。依此，說孟子乃「由人性與動物性之不同處來反對告子說『生之謂性』的」，其實就等同於說孟子是「由『性善』之『性』的角度來反對告對子由『生之謂性』來了解『人性』的」。主要原因就在於，依孟子的了解，由「生之謂性」來了解「人性」就說不到「性善」之「性」，也就是無法顯出人乃「內在本有成就道德善之行為的能力」，因之而不同於動物。這，如同「『湍水之喻』之辯」，就明白告訴了我們：孟子對「性善」之「性」的了解，基本上，乃採取不同於告子對「人性」之了解的角度、進路。明白地說，就是「不是由『生之謂性』的進路來說『性善』的」。而如此說，就等於在說孟子對「性善」之「性」的了解不同於荀子對「性善」之「性」的了解：不是就「生而有」、就「生命之始成」來說的。

　　如前言，荀子對「性」的了解，基本上乃由「生而有」（如〈性

於 2009 年 12 月 26 日「蔡仁厚與當代儒家研討會」之論文：〈再論孟、告辯「生之謂性」之邏輯推理問題〉；東海大學哲學系主辦。

惡篇〉論證「性惡善僞」）來了解，也就是由「生之所以然者謂之
性」（〈正名篇〉）、「性者，天之就也。」（〈性惡篇〉）了解
的，如同告子的「生之謂性」：乃是就「個體生命之始成」（即「生
而有」）來了解，即以一具體的自然生命在形成的當下所稟具的才
質爲其性，或一生命於經驗現象中所呈現的自然徵象[44]（如飢欲
食、寒欲煖、勞欲息等）爲其性。如此之性以「自然」爲質而爲「自
然材質之性」。（如荀子於〈禮論篇〉所言的：「性者，本始材朴
也。」）一具體生命之形成，乃經驗中之現象；據之來了解其「性」，
則「性」亦「經驗現象中之存在（自然徵象或自然材質」）。

　　孟子之反對由「生之謂性」來了解「人性」既係（一）由「人
之所以異於禽獸之處」，即人之「特殊性」，來著眼的，那表示：
他的「性善」之「性」不是「經驗實然」之「自然之性」；也就是
說，它不是由「生而有」來了解。

　　（二）道德之性

　　由前引的〈告子・六〉一段話來看，孟子是由「四端之心」
來說「性善」的：由「惻隱之心，人皆有之。羞惡之心，人皆有
之……仁義禮智非由外鑠我也，我固有之也」來說「性善」。這
也就是以「四端之心」就是人所「內在本有的爲善能力」。「人
皆有之」表示惻隱之覺、羞惡之感、恭敬／辭讓之情、是非之斷
等「情」[45]是人所「普遍必然地」內在本有。也因此，才能由之來

────────────

44　參見牟宗三《心體與性體》（臺北：正中書局，1973 年）卷一，頁 87-91，
　　及卷二，頁 157。
45　此「情」乃道德情感，非一般感性之情。見下文。

說「性善」。[46]這表示：孟子乃是由（四端之）「心」、由「情」
來說「性善」的。

　　順惻隱之覺而行，成就的是「仁」的行為；順「羞惡之感」而
行，成就的是「義」的行為；順「恭敬／辭讓之情」而行，成就的
是「禮」的行為；順「是非之斷」而行，成就的是「智」的行為。[47]
這也就是前文說的：「順性之向」而行，其實就是順「四端之心」
而行。順四端之心而行，成就的是仁、義、禮、智的行為。故〈公
孫丑・六〉說：「惻隱之心，仁之端也。羞惡之心，義之端也。辭
讓之心，禮之端也。是非之心，智之端也。」四端之心是仁義禮智
等行為的端源；四端之心乃人所「內在本有」。所以上引文說「仁
義禮智非由外鑠我也，我固有之。」而仁義禮智等行為乃道德善之
行為。據此，很清楚地，孟子「性善」之「性」，即「四端之心」，
乃道德行為之端源。就它們之為「心」來說，是「道德心」；就它
們之為「性善」之「性」來說，就是「道德性」；就它們之為覺、
感、情、斷來說，就是「道德的情感」。而此心、此性或此情，實
就是〈告子・八〉、〈告子・十一〉、及〈盡心・十五〉所說的「良
心」、「良知」或「良能」。

　　順此，我們可以了解，為什麼孟子會反對告子由「生之謂性」
來了解人之所以為人之「性」及主張「仁內義外」（〈告子・四、

46　人性，無論如何了解，此概念基本上必含下列三性：本有性、普遍性、必
　　然性。

47　參見〈公孫丑・六〉及〈梁惠王・六〉。

五〉）——對告子而言，乃「仁內義外」，如上言，乃至荀子的禮義乃客觀外在的存在。

如前言，四端之心，對孟子來說，是人所普遍必然地「內在本有」。如此說表示了它同於荀子所了解的「性善」之「性」之爲「性」——是人所「內在本有」（乃「不可學，不可事」者，是「不學而能，不慮而知」者）。但是，在此，孟子所了解的四端之心或「性善」之「性」之爲人所「內在本有」的意思不同於荀子：荀子乃就「生而有」、就「生之所以然者謂之性」來說此性；而如前述，孟子所了解的不是就「生而有」、就「生命的始成」來說的。這表示：孟子的「四端之心」或「性善」之「性」，我們**不能說它是「生而有」**的。也因此，一般常以「內在本有」來表示之，以別於告子或荀子的「生而有」。

由「生而有」或「生之所以然者謂之性」來了解「性」，乃是取「自然的進路」來了解「性」：就一具體生命在形成的當下所稟具的自然特徵如氣質、能力、傾向等來了解而以之爲其性；或以一生命於經驗現象中所呈現出來的種種自然徵象爲其性。所扣緊以了解「性」的「生命」乃經驗現象中之「自然的生命」，因之，所了解的「性」也是「自然」的「性」；或謂是經驗現象中「具體的生命」，以之於經驗現象中所表現出來的種種自然徵象爲其性。這是就「生」取「順取」之進路來了解「性」。因此，荀子所了解的「性善」之「性」雖同爲「內在本有」，卻是「經驗實然」之「生而有」的「自然之性」。[48]

48　同註 43。

　　不同於荀子的，關於「性善」之「性」之爲人所「內在本有」，孟子取的是「道德的進路」來予以證成、了解。[49]也就是，同樣都是就人在「經驗現實」中所表現出來的「然」——「客觀的事實」來了解其「所以然」（何以能有該行爲之表現的根據）而以其「所以然」爲其「性」。但取自然進路者所取的客觀事實是「自然的客觀事實」或現象，如飢欲食、寒欲煖等；而取道德進路者，如孟子，所取的「然」，即客觀事實則是「道德的客觀事實」（如「乍見孺子將入于井，皆有怵惕惻隱之心」（〈公孫丑·六〉）、「見牛觳觫不忍殺之」（〈梁惠王·六〉）），因之，其所得的「所以然」是「道德的所以然」——人之所以能做此等道德行爲之內在而主觀的根據。既是「道德的所以然」，就不會也不能是「自然的所以然」，也就是就不會是「生而有」的「所以然」（雖同是「內在本有」）。它只是就著道德的客觀事實（在客觀的現實中，人有道德行爲的表現）來追問人之所以能如此之根據而逆返回到人之生命內在得其主觀之根據，並以該根據爲「人的性」。基本上，採取的是「逆取」的「道德進路」。其「內在本有」是如此的了解方式。也因此，其所了解的「性善」之「性」是「道德性」、「道德心」或「道德的情感」。

　　（三）超驗的（Transcendental）所以然[50]——超越而無限的道德創造性

49　詳見拙著〈論孟子「仁政」的根據與實現〉，《鵝湖學誌》第 41 期，頁 1-24，2008 年 12 月。

50　本節之內容，基本上，乃本於牟宗三先生《心體與性體》（同註 44；後收入《牟宗三先生全集》，同註 36、44）之說及個人之了解寫成。

　　同樣都是就經驗中的客觀事實（即經驗之實然）入手來了解
「性善」之「性」，但不同於荀子，孟子所了解的「性善」之「性」
並不只是「經驗中之實然的存在」，它同時是「超驗的
（transcendental）」——超乎經驗而作為經驗存在之所以可能的根據。

> 1.耳目之官不思而蔽於物……心之官則思；思則得之，不思
> 則不得也。此天之所與我者。（〈告子・十五〉）
> 2.孟子曰：「盡其心者，知其性也。知其性，則知天矣……」
> （〈盡心・一〉）
> 3.孟子曰：「……君子所過者化，所存者神，上下與天地同
> 流，豈曰小補之哉！」（〈盡心・十三〉）

這三段話所含的意思是相關、相通的。由這三段話我們可以了解
到，作為道德實踐之所以可能之根源的「心」（即良心或「性善」
之「性」），對孟子而言，是具有無限的創造性與超越性的，不同
於荀子。第一段引文中的「此天之所與我者」表示：發出「四端之
心」之「心」或良心為「人皆有之」、為「我固有之」，此乃因天
所賜之故。也因它係超越、形上的「天」所給予的，故它具超越性
而有「似天」或「類天」之性與功能作用。（見下文）
　　第二段引文告訴我們：凡能充份地體現（此為「盡其心」之「盡」
字的意思）其心的人就知道他作為人的〔眞〕性是什麼；能知道其
眞性是什麼的人就能知道「天之所以為天的道理」。[51]在此，兩個

51　參見《圓善論》，頁 131-135，同註 36。

「知」都是透過充份地「體現其心」而有，因此是體證、實踐之知。「體現」乃是透過實踐（所謂身體力行）、透過行為活動把生命內在本有的東西表現出來，讓它成為外在客觀現實中的存在。在此指的就是透過道德的實踐來充份地表現道德心、性（即「性善」之「性」），也就是所行所為無一不是道德心、性之表現或依道德心性而為。因此說是「盡其心」。

但，「盡其心者知其性」如何就可「知天」呢？關此，可由兩方面來了解。一是就此心「本身」是「無限的道德創造者」來說；另一則是就其「潤化之功能作用」之為「神」、「化」來說。

首先就第一方面來說。道德行為是人作出來的；沒有人作道德的實踐，客觀事實中就沒有道德行為的存在。就此來說，道德行為是人創造出來的、是人使它由「無」到「有」而成為客觀現實中之存在的。而人之所以能作道德的實踐而創造出道德的行為來，依前之了解，乃因人有「性善」之「性」（或謂良心、道德心、道德性）之故。依此，「性善」之「性」乃人之所以能創造出道德的行為的那個根據：「性善」之「性」是「道德創造的本源」；它具有「道德創造性」。

而能「盡其心者」，乃如堯、舜、孔子等之大聖人。[52]此等聖人所行所為無一不是依「性善」之「性」，而行：他們是隨時隨地

---

52 在此，它所指的不會是一般的聖人（在品德上某方面有傑出表現者，如柳下惠、伯夷、伊尹等），而會是「仁智兼具」且全盡之、孟子常稱許的他理想中的聖人，如孔子、堯、舜等。參見〈公孫丑‧一、二〉、〈滕文公‧一〉、〈滕文公‧四〉、〈公孫丑‧七〉、〈滕文公‧四〉、〈萬章‧十〉、〈離婁‧五十六〉等。

都能也會依「性善」之「性」應機所呈現的而行的。[53]能「到處應機」即當下呈顯惻隱之心或羞惡之心或恭敬／辭讓之心或是非之心，這表示發出四端之心的「心」，即「性善」之「性」，是個具有「無限妙用」的「無限心」。說它具有「無限妙用」乃指它能不斷地、隨處「應機」作不同的呈顯（無所限制）而使人能不斷地、隨時隨地「應機」而有相應於所面對的「機」（情境／景）之道德行為表現。這也就是說，「性善」之「性」的「道德創造性」乃是「無限」的。

　　透過「充份地體現『性善』之『性』，人就可以知道自己之所以是個人而不是動物之處就在『性善』之『性』是個具如此無限妙用的無限心」。能知道這個就能知道「天之所以為天」的道理，主要就在於：天之所以為天乃在於其能「不斷地生萬物，使萬物成為客觀現實中的存在」；也就是，天之所以為天乃在於它具有「無限的創生萬物的能力」，也不斷地在發揮、運用它這能力。在此，「性善」之「性」與「天」之創造力有如此的差異：一為有「道德」方面的，另一則為「存在」方面的。儘管如此，都是「無限的創造力」則同。因有這相同點，所以透過了解人之所以為人的真性是什麼，就可以把握到「天之所以為天」的道理。

　　除了能「知天」外，「盡其心」還能使人有另個「無限的妙用」——不斷地潤化他人的生命於無形。這就是前面所說的第二方面。

53　參見〈公孫丑・四〉「乍見孺子將入于井」一段、〈盡心・十六〉「舜居深山與鹿逐遊」一段、《孟子》一書中其它地方，和參見拙著〈論孟子「仁政」之根據與實現〉，同註49。

　　第三段引文中的「君子所過者化，所存者神」表示：君子（在此指如堯、舜、孔子等之大聖人）所過之處無人不受其影響而日遷於善；百姓受其影響而改變向善，但他們並不知是誰使他們如此，而誤以為是自己使自己如此。（這表示：「盡其心」的君子之生命對他人生命之潤化、影響是無意無為地在無形中發揮其功用的，所以以「化」稱之。）這是因「所存者神」之故，也就是因「心所存主處乃神妙不可測」之故。[54]君子之心所存者乃「人之所以異於禽獸」的「那個幾希」（〈離婁・四十七〉），即「性善」之「性」。換言之，君子之所以能「所過者化」乃因「性善」之「性」之故。能「盡心」就是能「充份地體現『性善』之『性』於自己的生命中者」。既此，那說「盡其心」的聖人能有如此「神」、「化」之功（不斷地化人於無意無為的無形中）就無異於說「性善」之「性」具有此「神」、「化」之功。第三段引文說它「神」、「化」，進而說「上下與天地同流」，這表示「盡其心」的聖人隨處所發揮的、於無意無為之無形中潤化其他人生命之情形就如同天地之化育萬物一般：天無意無為地自然化育萬於無形，致看起來像是萬物自生自長，而不知此乃天地使之如此。在此，透過「盡心」的聖人顯現了「性善」之「性」與「天」或「天地」（就生養、潤化生命來說）的另個相同點：能在無意無為中、無形而不斷隨處地潤化其他的生命。天或天地之所以能如此乃因它或它們是超越的、無限的存在者之故。既此，同樣地，「性善」之「性」之所以能有如天或天地之神妙的潤化他物之功用也是因它是個超越的、無限的存在者之故。

54　此句出自朱註；此段引文之了解也參考朱註。

　　綜上,「性善」之「性」,於孟子,不只爲人所「內在本有」──
此爲客觀之實然,它同時是「超越而無限的」。無論道德行爲之表
現或潤化他人之生命的作用或活動,基本上,都是經驗中之現象或
存在或活動。此等活動或作用之所以可能,依前之了解,乃因「性
善」之「性」是個具有「無限的道德創造力」之「超越的存在者」。
既此,那表示:作爲「超越的存在者」,「性善」之「性」並不超
絕於經驗,而是作爲經驗現象或活動(如道德行爲或潤化他人之生
命)之所以可能的根據。換言之,它就是經驗的道德活動或現象之
「超驗的所以然」,是個「超驗的存在」。

四、結論:孟、荀對「性善」看法的比較

　　依前之了解,有關孟子與荀子對「性善」的了解與看法,我們
可以總結如下:

　　(一)關於「性善」二字的意涵,孟子的了解是其乃意指「人
內在本有爲善的能力」,而荀子則是「爲善的能力爲人所本有」(不
可學、不可事)。在此,二子的了解是相同的:「性」與「成善的
能力」都是「內在必然」之「不離」的「分析關係」。但,很重要
的一點是:

　　(二)在此所謂的「本有」,他們的了解是不同的。荀子是「生
而有」之「本有」、是「經驗實然」之自然生命在「生命始成」時
即有,是就「個體生命之始成」來說的;其了解取「自然」之「順
取」的進路(由「生」而「性」),而其所了解的「本有」乃「自
然義」的。至於孟子則不同。孟子採取「道德」之「逆取」的進路,

由「道德的然」（經驗中的「道德客觀事實」──同爲經驗中的客觀事實，但不同於荀子所取的乃「自然之客觀事實」）來追究其「所以然」而逆反回到生命內在來求其根據（而至既超越又內在的根據）[55]，而以之爲「性善」之「性」。故孟子的「本有」不是「經驗實然」之「自然生命」的「內在本有」，而是「由道德之實然逆回到人之生命內在的本有」所得之「道德的所以然」之實然。

道德進路所了解的道德行爲（然）之所以可能的「所以然」（根據／根源）乃爲人所「內在本有」之事實；此「本有」是「道德義」，不就「生而有」來了解。

（三）「性善」之「性」之爲「人內在本有的成善能力」，在孟子，指的是發出仁、義、禮、智等的「四端之心」（或發出此「四端之心」的「心」，即良心），也就是此性就是人之「道德性」或「道德心」。而荀子所了解的「性善」之「性」則是人「生而有」的「自然質朴之性」，即「自然之性」。在此，和孟子有「道德之性」和「自然之性」之別。

（四）關於「性」與「爲善能力」的關係，就「性善」來說，對兩人都是「分析關係」的「不離」，但不同的是：這「分析關係」的「不離」，於荀子來說，「成善能力」「包含於」「生而有」的「性」中的；兩者是類與分子間的「隸屬」關係之必然的不離。簡單地說，二者是「主謂式」之「分析關係」，如「目明」、「耳聰」。但，對孟子，二者是嚴格意義的「重言式」的「分析關係」之「不

---

55 孟子云發出仁、義、禮、智等（之端）之心爲「此天之所與我者也」（〈告子‧十五〉）、爲「我固有之也」（〈告子‧六〉），即表示此意。

離」，即「自身等同」或「反身」式的「分析關係」：「性善」之「性」**本身**就是那「成善能力」、就「等同」於那成善能力。

（五）孟子的「性善」之「性」乃爲「超驗」而「無限的道德創造者」，但荀子的則不是，也不能有此義：它純粹只是經驗實然中的「自然之性」。

（六）孟子主張「性善說」，荀子則反對。如前言，荀子把「性善」之「性」性了解爲質朴的「自然材質」之性，即「自然之性」。「自然之性」本身不含仁義禮智或禮法於內，故荀子說「性無禮義」而反對把「性」和「成善能力」的關係理解爲「分析關係」的「不離」。因成善能力乃人從師而學、作虛壹靜的工夫知禮義（禮義出於聖王之作）後，以禮義來化「性惡」之「性」而後有的。也就是，對荀子來說，客觀事實所呈現的是：人必須於「性」上行「僞」，即經「學」、「事」，而後才能有「成善能力」。兩者乃「經驗的綜合關係」而不是「分析的關係」。所以認爲「性善說」不能成立。反之，對孟子來說，「性善」之「性」（即四端之心或發出四端之心的良心）本身就是人內在本有的「成善能力」，是仁義禮智之端源，故主張「性善說」。

參考文獻

一、文本

王先謙，《荀子集解》，臺北：藝文印書館，1973。
李滌生，《荀子集釋》，臺北：臺灣學生書局，1979。

二、二手資料

（一）專書

李哲賢，《荀子之核心思想──「禮義之統」及其現代意義》，臺北：文津出
　　版社，1994。
楊承彬，《孔孟荀的道德思想》，臺北：臺灣商務印書館，1978。
楊長鎮，《荀子類的存有論研究》，臺北：文津出版社，1996。
楊柳橋，《荀子詁譯》，濟南：齊魯書社，1985。
楊筠如，《荀子研究》，臺北：臺灣商務印書館，1974。
楊鴻銘，《荀子文論研究》，臺北：文史哲出版社，1981。
廖名春，《荀子新探》，臺北：文津出版社，1994。
───，《中國學術史新證》，成都：四川大學出版社，2005。
熊公哲，《荀卿學案》，臺北：臺灣商務印書館，1970。
劉述先，《中西哲學論文集》，臺北：臺灣學生書局，1987。

———，《儒家倫理研討會論文集》，新加坡：東南亞哲學研究所，1987。

———，《儒家哲學的典範重構與詮釋》，臺北：萬卷樓圖書有限公司，2010。

劉道中，《荀子成聖成治思想研究》，高雄：復文圖書公司，1983。

———，《荀況新研究》，桃園：作者自印，1995。

蔡仁厚，《孔孟荀哲學》，臺北：臺灣學生書局，1984。

———，《中國哲學史大綱》，臺北：臺灣學生書局，1988。

———，《中國哲學史》，臺北：臺灣學生書局，2009。

蔡錦昌，《從中國古代思考方式論較荀子思想之本色》，臺北：唐山出版社，
　　1989。

燕京大學圖書館引得編纂處編，《荀子引得》，臺北：成文出版社，1966。

賴顯邦、柯文雄撰，《倫理論辯：荀子道德認識論之研究》，臺北：黎明文化
　　圖書出版公司，1990。

鮑國順，《荀子學說析論》，臺北：華正書局，1982。

魏元珪，《孟荀道德哲學》，臺北：海天出版社，1980。

譚宇權，《荀子學說評論》，臺北：文津出版社，1997。

龔樂群，《孟荀異同》，鳳山：黃埔出版社，1968。

（二）期刊論文

方穎嫻，〈情欲與理性之衝突——儒家化解之道〉，《鵝湖學誌》，第五期（1990
　　年）：1~16。

王子正，〈荀子認識論哲學之探究〉，《國立體育學院論叢》，第十三卷第二
　　期（2002 年）：21~33。

王博，〈論《勸學篇》在荀子及儒家中的意義〉，《中國哲學》，第五期（2008
　　年）：58~65。

王靈康，〈英語世界的荀子研究〉，《國立政治大學哲學學報》，第十一期（2003
　　年）：1~38。

伍振勳，〈荀子的「身、禮一體」觀——從「自然的身體」到「禮義的身體」〉，

《中國文哲研究集刊》，第 19 期（2001 年 9 月）：317~344。

吳元鴻，〈荀子「禮義之統」之理論架構與困結〉，《東師語文學刊》，第 3 期（1990 年 5 月）：17~35。

吳略余，〈荀子心性論及其善惡之根源〉，《雲漢學刊》，第 15、16 期（2008 年 6 月）：79~93。

呂文英，〈荀子心性論及禮義價值之商榷〉，《國立中央大學中國文學研究所論文集刊》，第 6 期（2000 年 6 月）：101~111。

岑溢成，〈荀子性惡論析辯〉，《鵝湖學誌》，第 3 期（1989 年 9 月）：37~58。

志源，〈荀子的認識論〉，《國魂》第 333 期（1973 年）：34~35。

李哲賢，〈荀子「禮義之統」思想之理論依據──上下〉，《鵝湖月刊》，第 235、236 期（1995 年 1 月、2 月）：42~49、47~53。

李唯嘉，〈究辨禮義之統的外延架構──析論荀子「法後王」說〉，《問學集》（2009 年 2 月）：82~90。

李瑞全，〈荀子論性與論人之為人〉，《東海學報》，第二十六卷（1985 年 6 月）：209~224。

周天令，〈荀子「隆禮義而殺詩書」義疏〉，《孔孟月刊》（1987 年 9 月）：8~14。

周少豪，〈《荀子》中「虛壹而靜」試論〉，《長榮學報》第一卷第一期（1997 年）：57~65。

林于菁，〈由荀子的人性論及勸學篇看荀子的教育思想〉，《今日教育》，第 63 期（1998 年 6 月）：68~73。

林文華，〈荀子天論思想探究〉，《中國文化月刊》，第 219 期（1998 年 6 月）：87~105。

侯婉如，〈荀子之認識論〉，《孔孟月刊》，第 34 卷第 11 期（1996 年 11 月）：24~30。

柯雄文，〈倫理知識的可能性──《荀子》中一個論題的省思〉，《哲學雜誌》，第 9 期（1994 年 7 月），184~201。

柳熙星，〈論孟荀人性論之異同〉，《鵝湖學誌》，第 36 期（2006 年 6 月）：
　　185~210。

洪如玉，〈從當代教育學角度探討荀子「天論篇」的現代意義〉，《教育資料
　　與研究》，第 38 期（2001 年 1 月）：41~46。

胡家聰，〈論儒家荀況思想與道家哲學的關係〉，《道家文化研究》第六輯（1995
　　年）：175~182。

唐端正，〈荀學價值根源問題的探討〉，《新亞學報》，第十五卷（1986 年 6
　　月）：239~252。

袁信愛，〈荀子的生死觀及其禮義之學〉，《哲學年刊》（1994 年 6 月）：
　　161~175。

───，〈自然人與文化人的迷思──老子與荀子之「聖人」觀的比較研究〉，
　　《輔仁學誌》（1996 年 7 月）：頁左 90~76。

張倩，〈唐君毅論荀子之統類心〉，《新亞學報》，第 28 期（2010 年 3 月）：
　　155~169。

張亨，〈荀子對人的認知及其問題〉，《臺大文史哲學報》第二十期（1971 年）：
　　175~217。

───，〈荀子的禮法思想試論〉，《臺大中文學報》，第 2 期（1988 年 11
　　月），頁 69~102。

張才興，〈荀子的禮義之治與法治〉，《逢甲中文學報》（1994 年 4 月）：21~31。

張奉箴，〈孟子與荀子的教育思想〉，《教育學刊》，第 4 期（1982 年 10 月）：
　　83~128。

張曉光，〈荀子的推類思想〉，《世界中國哲學學報》，第 6 期（2002 年 1
　　月）：頁 139+141~160。

張靜互，〈從荀子禮論看「禮教」的三個層次──試論「執禮」、「知禮」和
　　「行禮」的教育內涵〉，《孔子研究》，第 1 期（2001 年 4 月）：74~84。

莊錦章，〈荀子與四種人性論觀點〉，《國立政治大學哲學學報》，第十一期
　　（2003 年 12 月）：185~210。

陳平坤，〈人性善惡與天人分合——孟、荀心性論說之型態及其意義〉，《清華學報》，第 36 卷第 2 期（2006 年 12 月）：363~397。

———，〈荀子的「類」觀念及其通類之道〉，《國立臺灣大學哲學論評》第 11 期（2006 年）：77~135。

陳昭瑛，〈「情」概念從孔孟到荀子的轉化〉，《法鼓人文學報》，第 2 期（2005 年 12 月）：25~39。

陳貞秀，〈禮義之統——荀子「道」的探討〉，《國立中央大學中國文學研究所論文集刊》，第 6 期（2000 年 6 月）：13~24。

陳修武，〈孟荀論人性善惡的確定意義〉，《孔孟月刊》，第 24 卷第 3 期（1985 年 11 月）：22~25。

陳德和，〈荀子性惡論之意義及其價值〉，《鵝湖月刊》，第 20 卷第 3 期（1994 年 9 月）：19~27。

陸建華，〈荀子禮法關係論〉，《孔孟月刊》，第 41 卷第 10 期（2003 年 6 月）：33~39。

曾春海，〈荀子思想中的「統類」與「禮法」〉，《哲學論集》，第 13 期（1981 年 6 月）：71~85。

———，〈荀學禮文化的知識理論〉，《輔仁學誌・人文藝術之部》第 27 期（2000 年）：27~50。

———，〈墨學與荀學中的知識原理與方法〉，《哲學與文化》，31 卷 7 期（2004 年 7 月）。

曾春潮，〈荀子「禮」的思想探討〉，《遠東學報》，第 26 卷第二期（2009 年 6 月）：291~301。

曾珮琦，〈論《荀子》「虛壹而靜」與老莊學說之思想關聯〉，《問學集》，第 14 卷（2007 年 6 月）：105-115。

游惠瑜，〈論荀子道德理論的困境〉，《中國文化月刊》，第 236 期（1999 年 11 月）：49~63。

永順，〈荀子的「天官意物」與「心有征知」思想探析〉，《管子學刊》，第

3 期（1996 年 3 月）：15~20、64。

項退結，〈基於孟荀人性論之實際可行的道德觀〉，《哲學與文化》，第 192
期（1990 年 5 月）：386~395。

馮耀明，〈荀子人性論新詮：附〈榮辱〉篇 23 字衍之糾謬〉，《國立政治大
學哲學學報》，第 14 期（2005 年 7 月）：169-230。

黃俊傑，〈荀子的天道觀及其在中國古代天道思想中的地位〉，《國立編譯館
館刊》，第 1 卷第 4 期（1972 年 12 月）：69~82。

黃偉明，〈《荀子》的「類」觀念〉，《邏輯學研究》，第 2 卷 3 期（2009
年 9 月）：88~109。

楊祖漢，〈論荀子的「知天」與「不求知天」之辨〉，《鵝湖月刊》，第 65
期（1980 年）：17~18。

詹棟樑，〈荀子教育上禮義與樂的陶冶價值〉，《中華文化復興月刊》，第 6
期（1968 年 8 月）：15~17。

廖名春，〈《荀子》各篇寫作年代考〉，《吉林大學社會科學學報》，（1994
年 6 期）：52~57。

———，〈20 世紀後期大陸荀子文獻整理研究〉，《漢學研究集刊》，第 3
期（2006 年 12 月）：79~151。

熊公哲，〈孟子仁義荀子禮義其辨如何〉，《孔孟學報》，第 16 期（1967 年
9 月）：119~141。

趙吉惠，〈論荀學與孔孟哲學的根本區別〉，《哲學與文化》，26 卷 7 期（1999
年 7 月）：648~658+694。

劉又銘，〈從「蘊謂」論荀子哲學潛在的性善觀〉，收入政治大學文學院編，
《孔學與二十一世紀國際學術研討會論文集》，（臺北，2001 年），50~77。

———，〈荀子的哲學典範及其在後代的變遷轉移〉，《漢學研究集刊》，第
3 期（2006 年 12 月）：33~54。

———，〈合中有分——荀子、董仲舒天人關係論新詮〉，《臺北大學中文學
報》，第 2 期（2007 年 3 月）：27~50。

劉延福、周新鳳，〈荀子「類」觀念及其在經典詮釋中的運用〉，《殷都學刊》
　　第 30 卷 4 期（2009 年 12 月）：121~124。

劉振維，〈荀子「性惡」說芻議〉，《東華人文學報》，第 6 期（200 年 7 月）：
　　57~92。

劉梅琴，〈日本德川時代走向近代化的儒學啓蒙大師荻生徂徠「聖人觀」與先
　　秦儒家荀子「聖人觀」比較研究（上）（下）〉，《孔孟學報》第 80、
　　81 期（2002 年 9 月、2003 年 9 月）：267~298、277~289。

潘小慧，〈荀子的「解蔽心」——荀學作爲道德實踐論的人之哲學理解〉，《哲
　　學與文化》，25 卷 6 期（1998 年 6 月）：516~536、589~590。

———，〈《荀子》中的「智德」思想〉，《哲學與文化》，第 30 卷第 8 期
　　（2003 年 8 月）：95~114。

———，〈從解蔽心看荀子的知識論與方法學〉，《中國學術思想研究輯刊》，
　　第 3 冊（2008 年 9 月）：1~68。

———，〈禮義、禮情及禮文——荀子禮論哲學的特點〉，《哲學與文化》（2008
　　年 10 月）：45~63。

蔡仁厚，〈荀子的「認識心」及其義用〉，《孔孟學報》，第二十六期（1973
　　年）：179~195。

———，〈荀子的「禮義之統」〉，《華學月刊》，第 20 期（1973 年 8 月）：
　　4~11。

鄭力爲，〈荀子勸學篇疏解〉，《唐君毅先生紀念論文集：唐君毅先生逝世
　　五周年紀念》（臺北：臺灣學生書局，1983 年）：481~504。

鄭學禮，〈儒家的道德情感與道德理性哲學〉，《哲學論評》，第 13 期（1990
　　年 1 月）：307~331。

蕭楚珊，〈荀子的知識論初探（上）〉，《鵝湖月刊》，211 期（1993 年 1
　　月）：52~57。

———，〈荀子的知識論初探（下）〉，《鵝湖月刊》，212 期（1993 年 2
　　月）：47~54。

鮑國順，〈論荀子善從何來與價值根源的問題〉，《孔孟學報》，第 62 期（1991
　　年 9 月）：257~267。

———，〈近代學者對荀子的評價〉，《國文天地》，第 13 卷 5 期（1997 年
　　11 月）：66~72。

戴玉珍，〈由荀子解蔽篇論解蔽心與虛壹靜〉，《聯合學報》（1994 年 11 月）：
　　451~457。

韓德民，〈荀子天人觀的哲學透視〉，《哲學與文化》，第 27 卷 2 期（1990
　　年 2 月）：173~184、198。

———，〈荀子的理想人格論〉，《孔孟學報》，第 78 期（2000 年 9 月）：
　　219~242。

簡淑慧，〈分的起源及其在荀子思想系統中的地位〉，《孔孟月刊》，第 29
　　卷第 5 期（1991 年 1 月）：23~28。

魏順光，〈荀子的「法、類」說與中國傳統司法的「確定性」問題〉，《重慶
　　師範大學學報》（哲學社會科學版），第二零零九卷第六期（2009 年 12
　　月）：54~59。

龍宇純，〈荀卿子記餘〉，《中國文哲研究集刊》，15 期（1999 年 9 月）：
　　199~264。

（三）會議論文

佐藤將之，〈《荀子》心術論之綜合性特色：「誠」、「大清明」、「禮」〉，
　　「傳統中國哲學的知識論問題之當代省思」國際學術研討會會議論文，國
　　立臺灣大學哲學系，2010 年 9 月。

洪巳軒，〈論《荀子》信念之形成與檢証〉，「傳統中國哲學的知識論問題之
　　當代省思」研究生論文發表會會議論文，國立臺灣大學哲學系，2010
　　年 9 月。

郝樂維，"The Dao that Bridges the Human and the Cosmic in *Xing zi ming chu*"，
　　「傳統中國哲學的知識論問題之當代省思」國際學術研討會會議論文，國

立臺灣大學哲學系，2010 年 9 月。

陳昭瑛，《荀子的情論（III）：「情」與「氣」》，95 年國科會計畫 NSC 95-2411-H-002-066-研究成果報告，2006 年。

楊秀宮，〈荀子學說中「虛壹靜」說之釋義──一個現象學進路之研究〉，《「荀子研究的回顧與開創」國際學術研討會會議論文》，斗六：雲林科技大學漢學資料研究所，2006 年 2 月。

楊秀宮，〈荀子「禮學」的知識論走向試析〉，「傳統中國哲學的知識論問題之當代省思」國際學術研討會會議論文，國立臺灣大學哲學系，2010 年 9 月。

楊舒淵，〈從《荀子》的「人論」解析其「心」義──兼論荀子道德知識論的進路〉，「傳統中國哲學的知識論問題之當代省思」研究生論文發表會會議論文，國立臺灣大學哲學系，2010 年 9 月。

潘小慧，〈荀子道德知識論的當代意義與價值〉，《荀子思想的當代價值國際學術研討會論文集》，山東大學，2007 年 8 月。

橋本敬司，〈《荀子》之知與行〉，「傳統中國哲學的知識論問題之當代省思」國際學術研討會會議論文，國立臺灣大學哲學系，2010 年 9 月。

（四）英文資料

Allinson, Robert E., "The Debate Between Mencius and Hsün-Tzu: Contemporary Application, "*Journal of Chinese Philosophy*, 25:1（1998）, pp. 31-50.

Applications, " *Journal of Chinese Philosophy*, Vol. 25, 1998, pp31-49.

Ch'u Chai, *The Story of Chinese Philosophy*, New York: Washington Square Press, Inc.,1961.

Cheung, Leo K. C., "The Way of the Xunzi", *Journal of Chinese Philosophy*, 28:3（2001）, pp. 301-320.

人名索引

概念索引

國家圖書館出版品預行編目資料

荀子再探

何淑靜著. – 初版. – 臺北市：臺灣學生，2014.03
面；公分：

ISBN 978-957-15-1603-5 (平裝)

1.（周）荀況 2. 荀子 3. 學術思想 4. 研究考訂

121.277   103001213

荀 子 再 探

著　作　者：何　　　　淑　　　　靜
出　版　者：臺 灣 學 生 書 局 有 限 公 司
發　行　人：楊　　　　雲　　　　龍
發　行　所：臺 灣 學 生 書 局 有 限 公 司
　　　　　　臺北市和平東路一段七十五巷十一號
　　　　　　郵 政 劃 撥 帳 號：00024668
　　　　　　電　話　：（02）23928185
　　　　　　傳　眞　：（02）23928105
　　　　　　E-mail：student.book@msa.hinet.net
　　　　　　http：//www.studentbook.com.tw
本 書 局 登
記 證 字 號：行政院新聞局局版北市業字第玖捌壹號
印　刷　所：長 欣 印 刷 企 業 社
　　　　　　新北市中和區中正路九八八巷十七號
　　　　　　電　話　：（02）22268853

定價：新臺幣二八〇元

西 元 二 〇 一 四 年 三 月 初 版